チームとリーダーシップの心理学

ars incognita
慶應義塾大学三田哲学会叢書

今井芳昭

目　次

はじめに

チームやグループに所属することになって困ったことはないだろうか。

「メンバーとしてどう振る舞ったらよいのだろう?」

「リーダーとしてどのように行動すれば、チームをうまくまとめることができるだろうか?」

チームやグループは、何となく理解はできるけれども、目に見える形では存在していない。実体としてつかみどころがないのである（佐々木・永田、1987参照）。それだけに、今まで中学校や高校においてクラス（学級）や部活に所属していたことがあったとしても、チームやグループとはどのようなものなのか、その全体像を自分の体験のみから知ることは、比較的むずかしいだろう。

本書では、そうした疑問を念頭に、チームやグループに関する基礎的な枠組みを提供していきたい。捉えどころのないチームやグループを可能な限り可視化し、どのように行動すればよいかを考えるということである。「このような場合には、こうすればよい」というマニュアル的な回答を提供するものではないが、読者の方々が（自分の抱えるグループ/チームの問題について）どうすればよいかを考える糸口が得られるようにしていきたいと思う。

各章の概要

本書は四章から構成されている。第一章では、一般的なグループを形成している要因とグループ活動中に生じる現象、そのプロセスに目を向けていく。その上で、チームとグループとの違いにも焦点を当てていく。チームに存在して、グループにはない大きな特徴の一つは、境界の明確性、相互調整と相互支援である。図を用いて、なるべくグループやチームという存在を目に見える形で捉えていくことにする。

続く第二章では、近年の社会心理学で一つの大きな枠組みを提供しているグループ／チーム間の話に目を向ける。その基になっているのは、タジフェル&ターナー（1986）の社会的アイデンティティ理論である。その理論によれば、私たちは自分のアイデンティティ（自分とはどのような存在であるかという認識）を自分の所属するグループやカテゴリーから得ているということである。さらに、所属しているグループ（内集団）を所属していないグループ（外集団）よりも高く評価しがちなことである。チームに焦点を当てている本書でいえば、自チーム、他チームという認識の違いに基づいてチームの凝集性や「黒い羊効果」などの現象も生じてくる。

第一章、第二章においてチームの置かれている状況をおさえた後、今度は、チーム内に目を向ける。チームの活動においていちばん目につくのは、リーダーの存在であろう。そこで、第三章では、チームを引っ張っていくリーダーに焦点を当てる。近年は、リーダーという個人の存在よりも、リーダーという役割に基づく機能（働き）が重視され、リーダーシップという言葉がよく使われる。チームにおけるリーダーシップの働きとは何なのであろうか。どのような働きをすれば、チームをうまくまとめていくことができるのであろうか。多くの研究が指摘している、課題遂行機能、集団維持機能という二大機能を紹介する。また、ＰＭ理論やサーバント・リーダーシップなどに代表される、リーダーシップに関する近年の理論に基づいて、リーダーシップを理解していくことにする。

最後の第四章では、チーム内のメンバー間でやりとりされるコミュニケーションを取り上げる。まず、われわれ人間の心理的特性（ものごとを理解しようとすること、報酬の獲得と罰の回避、コントロール感）を理解した上で、効果的な（業績のよい）チームにするためにはどのような側面に注意すればよいのかについても見ていく。例えば、心理的安全性という、チーム内で気兼ねなく自分の考えや意見を言うことのできる雰囲気、傾聴とＩ《アイ》メッセージ、討議集団で求められるコミュニケーション・スキル、非言語的コミュニケーションについて見ていくことにする。

こうした四つの章を通して、チームというイメージが今までよりも視覚的に、より解像度を上げて捉えることができるようになることを目指す。そして、そのイメージや枠組みを手がかりにしながら、読者の方々がふだんのチーム活動、チーム内で生じた問題を解決しやすくなるようにしたい。本書はいわゆるハウツー本ではないため、具体的な状況に応じた対応策を事細かに例示するわけではない。それでも、自分の置かれた状況に応じて工夫、アイディアを加えていくことで、皆さんの抱えるチームやグループに関連する問題を解決できる可能性が高くなるだろう。

研究結果はどこまで一般化でき、再現できるのか?

これから、チームに関する小旅行を始めるにあたって、あらかじめ二つの点について注意を喚起しておきたい。それは、研究結果の**一般化**（それに関連する文化差、時代差）、そして、**再現性**の問題である。

本書で紹介している諸研究は日本で行われたものもあるが、多くは欧米の文化圏で行われたものである。そうなると、読者の疑問として生じてくるのが、「その結果は、どの程度、日本にも当てはまるのだろうか?」ということであろう。研究結果の一般化に関わる疑問である。例えば、ある研究において、北米の大学院MBAコースに通うビジネスパースンのデータを収集した場合、その結果をどの範囲まで当てはめてよいのかという問題である。アメリカ南部のビジネスパーソンにも当てはめられるのか？　ヨーロッパの場合はどうなのか？　日本にも当てはめられるのか？

一般化について論理的に判断する規準は、今のところ存在しない。もっとも慎重な立場を取っているヤーコニ（2022）は、全く一般化することはできないと主張している。あくまで、「その研究で用いられた状況と課題における、対象とされた参加者の反応である」としか結果を解釈することはできず、その結果を他の属性をもった個人やグループには適用できないという考え方である。実験参加者を複数の実験条件にランダムに割り当てても、実験で行う課題をランダムに選択することは行われておらず、教示（インストラクション）や実験者の服装、言葉遣いなども一定のものが用いられる。そうした実験で得られた実験結果を一般化することはできないということである。科学的に厳しい規準を採用するのであれば、そのような判断になる。

しかし、その研究結果を参考にして、どこまでなら適用（一般化）可能かを考える必要がある。例えば、日本でも比較的有名なアッシュ（1955）の線分判断課題（三本の比較刺激の中から、標準刺激と同じ長さのものを一つ選ぶという課題）を用いた同調実験がある。当時、アッシュは、アメリカ・ペンシルバニア州フィラデルフィアにあるスワースモア大学に所属していた。その実験における同調率は三二％であった。実験参加者は男子大学生であった。この結果を受けて、同じ比率は得られないであろうが、同じような状況に置かれた個人の中には、自分の判断を主張せずに、周囲の判断に同調する可能性はあるだろうと推測できる。同調率を確認したかったら、実際に自分でも実験を行って確かめてみるということになる。

このような状況は、(社会)心理学だけではない。医療の分野でも同じであると考えられる。例えば、アーモンドやクルミなどのナッツを食べることと生存率との関連性を検討した研究がある。ふだんの生活でナッツを食べる群と食べない群を比較したところ、食べた方が生存率の高いことが見出された、しかも毎日食べるほど生存率が高いという論文が発表されている(バオら、2013。ちなみに、ツァンら(2020)は、ナッツを食べるとがんの発生を抑えることもメタ分析で明らかにしている)。これらの結果を解釈、適用する際に困るのが、一般化の問題である。得られた結果が、一一万八九六二人もの健康なアメリカ在住者を対象にした、三〇年間の大規模追跡調査の結果であったとしても、北米における研究結果を日本人に適用できるのかということである。おそらく、考えられる妥当な判断は、「同じ人間であるため、全く当てはめられないということもない」となろう。そうかといって、平均的な体格や食習慣の異なる集団で得られた結果を一〇〇%当てはめることもできないであろう。つまり、参考程度にこの結果を使うということになる。そして、同じようにナッツの効能を示す研究の数が増え、また、日本人を対象にした研究でも同じような結果が得られれば、適用の確からしさが高くなると考えられる。さらに言えば、日本でデータを収集したとしても、日本の中でも地域によって気候が異なり、食習慣が異なっているため、日本の結果だったとしてもそれが自分にも当てはまるのかという疑問はついて回る。

こうした不確かな点を極力減らして、できるだけ多くの人に効果が生じるように努力している領域が医薬品であろう。薬の場合は、個人の生死や病気の治癒が関連しているため、慎重に作業を進めることになる。創薬には一〇年以上をかけ、その薬効、副作用を徹底的に明らかにし、治験を行い、何段階もの検討を得た後に販売される。そのように慎重を期して作られた薬でも、個人によっては効果が認められず、あるいは、副反応が生じることもある。

そこまで多額の研究費を費やし（一つの薬を開発するには、平均四八〇億円かかると言われている（https://www.jpma.or.jp/opir/research/ 参照）、慎重を期すことができない（社会）心理学の場合は、もっと大まかな形で研究結果を適用、応用することを考えていかなければならない。この後、本書でも欧米文化圏の研究結果を紹介していくが、そうした諸研究の考え方や概念が作られてきたことを知るとともに、その適用については、参考程度に捉えていただければ幸いである。

もう一つの**再現性**の問題は、一つの研究で得られた結果が、その後、同じ実験や質問紙調査などを行っても、同じ結果が得られるかどうかという問題である（詳しくは、池田・平石（2016）を参照）。結果の一般化の前に、「そもそも再現性のある結果でなければ、意味がないではないか」という声が聞こえてきそうである。二〇一五年にOpen Science Collaborationが心理学の一〇〇の研究を追試したところ、再現率が三六％（認知心理学五三％、社会心理学二五％）であったという報告を受けて、多くの研究者がその低さに驚いた。先ほど述べた創薬の場合は、再現性が低くては困るため、何回もデータを採って確認している。心理学の場合は、人の生死に関わることではないため、そこまで同じ研究が繰り返されることはない。

ただし、追試を行う場合、最初の研究結果が再現されない方向で、複数の要因の影響が生じることも指摘されている（例えば、大久保、2016）。研究結果の確実性を確認するために、**メタ分析**という手法も開発されている。これは、同じような研究テーマの研究結果を集めて、それらを総合すると、どのような結論を導き出せるかを明らかにすることである。本書でもメタ分析がおこなわれている場合は、その結果に基づいてチームやリーダーシップについて見出されている知見をまとめていこうと考えている。

チームやリーダーシップ、コミュニケーションなどの捉え方の一例として、また、このような状況において個人はこのような行動をとりやすいなどという形で本書を理解し、皆さんの置かれているチーム状況を理解する手立てとしてもらえれば幸いである。

第一章　社会心理学の視点からチームを解剖する

【エピソード】　われわれ六人からなるチームには、クライアント向けの来月の新商品プレゼンテーションの締切が迫っていた。ここ四、五日は作業が計画より遅れ気味であった。しかし、今までもここぞというときに、各メンバーが持ち前の力を出して、ジグソー・パズルにピースがきちっとはまるように、妙に各メンバーの役割分担がうまくいっていた。これもリーダーが各メンバーの持ち味を信頼してくれていることと、チーム内の風通しのよい雰囲気のおかげだと思っている。

チーム（team）とは何であろうか。よく耳にするグループ（group）とどのように異なるのであろうか。本書ではチームに焦点を当てていくが、両者には共通する部分もあるため、まず、一般的によく使われるグループについて見ておきたいと思う。一口にグループといっても、その大きさ（メンバーの人数）によって種々のものがある。ここでは、五～六人から構成される小グループ（small group）を考えていくことにする。グループ・ダイナミクス（集団力学）や社会心理学では、それがグループとしての最小単位とされるためである。二人でもグループとして捉えられる場合もあるが、二人ではリーダーの存在を議論しにくいであろう。また、一〇人、二〇人程度のグループというのも現実には存在するが、グループ活動をしていく中では五〜六人のサブグループ（下位集団）が発生しやすいといえる。ヴァーダバー＆ヴァーダバー（1992）は、五人が最適であると指摘し、五人以下の場合は、作業に対応できる技能に限界ができてしまうという。逆に、六〜七人になると、今度はフリーライダー（ただ乗り者）が生じてしまう可能性が高くなる。

「グループとはどのようなものか」について考えるに当たって、グループを形成する要因を挙げるのはよい方法であろう。どのような要因がグループを形成しているのであろうか。皆さん自身の所属しているグループについて、どのような要因があるか考えてみてほしい。

（1）メンバーと課題（作業）

その一つの回答が図1－1である（マブリ＆バーンズ、1980; 今井、1989; 1992-1993）。グループにおけるものごとの推移を時系列で捉えるために、まず、図1－1の左側の部分にあるメンバーと課題について見ていくことにする。

メンバーは、グループの一人一人の構成員のことである。グループには、そのメンバーが複数いるということである。それぞれのメンバーは、独自の特性、属性をもっている。パーソナリティ、能力、動機づけ、社会的スキル（技能）、年齢、性別、体力などである。例えば、**パーソナ**

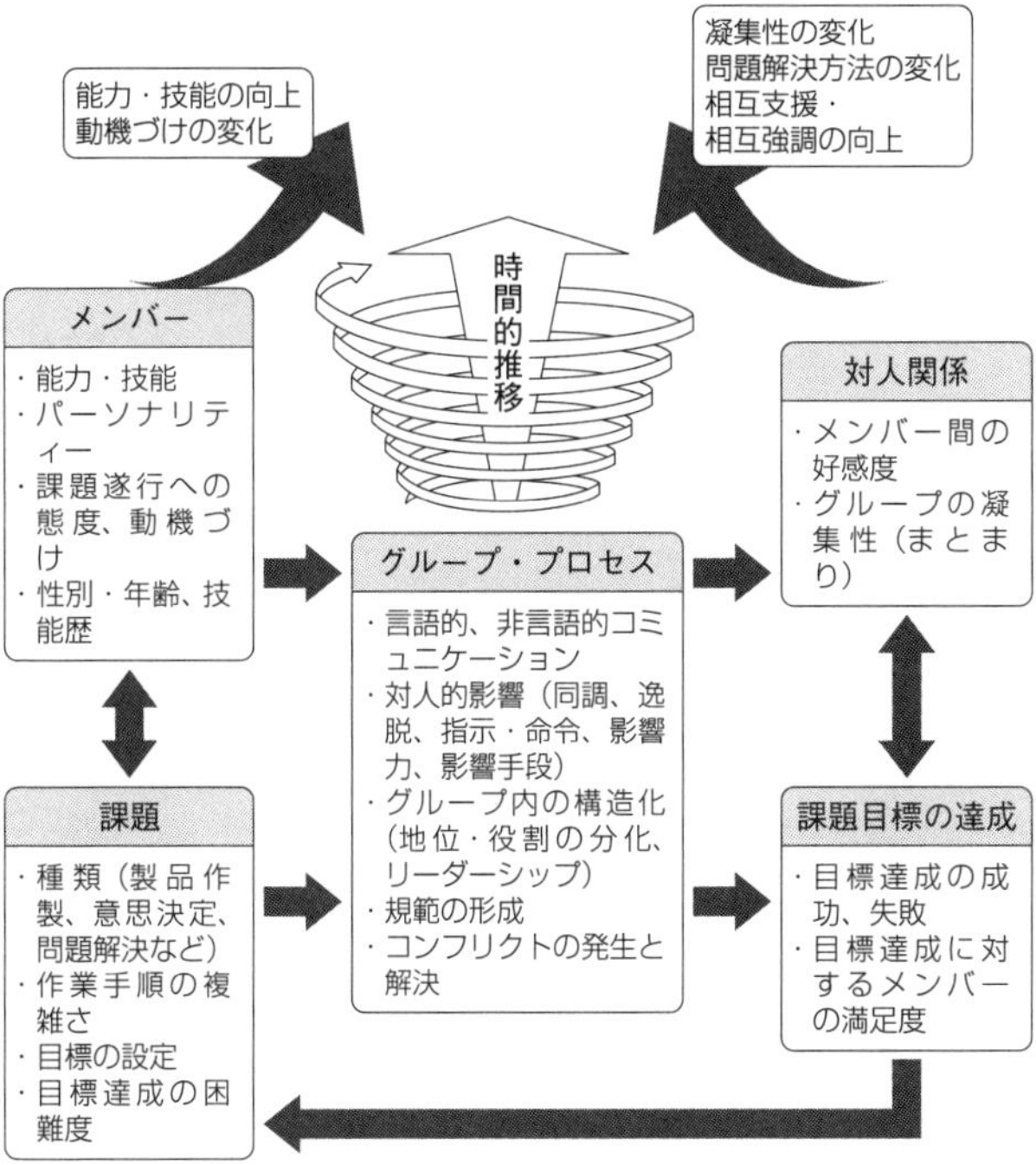

図 1-1　時間的要因も含めた集団過程（プロセス）

リティは、状況や時間を越えて個人が取る一定の行動パターンであり、五つの特性から構成されているというのが近年の考え方である（五因子モデル、Big Five）、（ディグマン、1990; マックレー＆ジョン、1992）。すなわち、

a. **情緒的不安定性**――環境の変化の影響を受けやすく、心配性で悩みがち

b. **外向性**――関心が自分の外に向きやすく、活動的で社交的

c. **開放性**――ものごとを拡散的に考え、従来のも

のにとらわれずに創造的で独創的

d. **調和性・協調性**――愛想がよく、利他的で信頼できる

e. **誠実性**――ものごとを計画的に進め、几帳面《きちょうめん》で効率性をめざす

である。その後、六つ目の特性として、

f. **正直さ・謙虚さ**――上から目線で他者を操作したり搾取したりしようとせずに、正直で控え目に振る舞う傾向

を挙げる研究者もいる（リー＆アシュトン、2012）。それぞれの特性には、その反対の極の特性も存在している。

能力については、課題の種類に対応して、遂行能力の高い人、あまりそうでない人という個人差が生じてくる。また、一般的に、能力が高いと自分で判断できる課題（得意な課題）については、動機づけ（やる気、達成動機）が高くなり、いくら頑張っても大した成績を上げられない場合の動機づけは低下する。

さらに、どのグループにもそのグループで行うべき課題が存在する。**課題**（task）とは、個人や集団が行うべき作業である。例えば、計算問題を解くこと、新製品開発プロジェクトの計画を立てること、野球をプレーすること、病人を看護することなどである。また、その作業を遂行するにあたり、課題の種類に応じた能力やスキルが求められる。例えば、計算能力であったり、目

標到達までの手順を見渡しスケジュール化する能力であったり、そのために必要な関連部署との交渉能力であったりする。

課題が決まると、**目標**（goal）が設定される。特に、製品の製作や問題解決（問題点の解消、新しいアイディアの生成）などの課題の場合は、目標が設定されやすくなる。今日中に製品を千個作る、新製品のアイディアを一人一〇個考えるなどである。そして、その目標に到達するための作業プロセスが考えられる。例えば、「今月のチームの売り上げを前年度同月より一〇%増しにする」という目標を達成するためSNSを利用するとした場合、どのSNSを用いて、どのような情報を発信するのか、インフルエンサーの支援を得るのかなど、目標達成までの手順を具体的に考えていくのである。目標の設定レベルに応じて、メンバーの能力も関連しながら、目標達成の難易度が決まってくる。

(2) グループ・プロセス（メンバー間の相互作用）

メンバーと課題が組み合わさって、課題の目標達成へ向けたグループ活動が生まれる。それを**グループ・プロセス**（**集団過程**）といい、メンバー間の相互作用の側面である。相互作用に含まれるのは、言語的・非言語的コミュニケーション、対人的影響（同調、逸脱、パワー（影響力）、影響手段など）、地位や役割の分化（例えば、リーダー、渉外係、書記）、規範の形成などである。

相互作用の基本は、**コミュニケーション**である（第四章参照。コミュニケーションを哲学の視点から論考したものに、柏端（2016）がある。また、最近のコミュニケーション研究については大坊（2023）を参照）。これは言語的、非言語的（nonverbal）という二つに大きく分けることができる。言語的なものは通常の言葉による会話である。その内容としては、情報を伝達し、他のメンバーに影響を与え（依頼、説得、指示、命令）、逆に、影響を受けることである。非言語的なものには、顔の表情、視線、身振り手振り、声の大きさ・話す速さなどが含まれる（第四章参照）。場合によっては、目配《めくば》せや手振りだけでも送り手の意図を受け手に伝えることができる。

グループの目標を達成するためには、各メンバーの考えや思惑を一つにまとめていく必要がある。その際に、自分の考えを相手に受け入れてもらうよう働きかけることになる。相手がすぐに受け入れてくれるようならば、相手（受け手）に依頼したいことを伝えるだけで済む。そうでない場合は、関連する情報や理由（論拠）を挙げて相手に納得してもらう必要が出てくる（**説得**）。説得の際に重要なことは、相手の考えを理解した上で、相手の反発（心理的リアクタンス、ブレーム&ブレーム、1981）が生じないように、送り手の考えをしっかりした論理的理由と共にわかりやすく伝えることである。また、公平な立場から議論する姿勢を見せることも必要である（説得については、深田（2002）、今井（2023）を参照）。

依頼や説得において重要なことは、二者間の対人関係（人間関係）である。日頃から気心の知れた、支援し合える関係性を築いておくことが、いざというときの説得において功を奏する（今井、2018a）。それでも意見が合わない場合は、交渉し問題を解決する必要がある。

前述のように、グループのメンバーは特性や属性が同じ個人の集まりではない。ということは、それぞれの持ち味を活かして効率的に目標に向けて相互作用を生みだすことが効果的である。そこで、**地位や役割の分化**が生じてくる。メンバーの異質性に注目する側面であり、グループの構造化と呼ばれる。

もっともわかりやすいのは、リーダーの存在であろう。初対面のグループで、まだ誰が誰であるかわからない状態では、（グループ目標に向けて意味のある）発言回数の多いメンバーがリーダーになりやすいことが指摘されている（バス、1990）。また、すでに高地位に就《つ》き、その正当性が認識されている個人がリーダーに任命された場合も、他のメンバーからリーダーであると認められやすくなる。リーダーシップについては第三章で改めて見ていくが、リーダーは他のメンバーのやる気（動機づけ）を高め、目標達成に向けて、他のメンバーに種々の影響を与えていく存在である。グループで行う作業には、目標の内容によって情報収集、資材調達、企画案作成、他部署との交渉などがあるが、リーダーは一人でそれらを担当するのではなく、リーダー以外のメンバーが分担する場合もある。

グループ・プロセスで重要なもう一つは、**規範**（norm）の形成である。規範とは聞き慣れない言葉かもしれないが、**規則**（rule）とは異なり、明文化されてはいないけれども、メンバー間に共有されている推奨行動パターンである。例えば、会議のときには、あるメンバーは特定の席に座ることになっている、提案はリーダーを通してからメンバーに伝えるなどといったことである。

規範が形成されると、それに従う（同調する）人とその規範から逸脱する人が出てくる（逸脱者については、第二章の「黒い羊効果」を参照）。このときに問題となるのが、全員一致でグループ内の判断を決め、反対意見を言いにくいような雰囲気があると、場合によってはグループにとって望ましくない結論を出してしまう**集団的浅慮**（集団的愚考、集団思考、groupthink）に陥ることである（ジャニス、1982; 第二章参照）。仮に反対意見が出されたとしても、他のメンバーからその反対意見を翻《ひるがえ》すように圧力（集団圧力）が加えられやすくなる。

実際、他のメンバーが選択肢Aを正しいと判断している際に、自分だけ選択肢Bが正しいと主張するのは、よほどしっかりした根拠がない限りは難しい。「はじめに」で紹介した、アッシュ（1955）の同調実験では、線分の長さ判断という解答の明確な課題においても、他の実験参加者（実はサクラ）が誤りの選択肢を選んだ場合、真の実験参加者は全判断数のうち三二％において、正しくない解答を選んだことが示されている。グループ内で心理的安全性（第四章参照）が高ければ、他のメンバーに気兼ねなく、自分の意見を言いやすくなる。

皆が足並みそろえて同調している場合は（表面的にはグループ活動上の）問題は生じないが、そうでない場合は、**コンフリクト**（葛藤、紛争）が生じ、それを解決する必要が生じてくる。コンフリクトは、簡単に言えば、意見の対立である。コンフリクトは、心理的には避けたいものであるが、グループに益をもたらすものでもある。それがきっかけで新しい案が考え出されたり、雨降って地固まるということも起こったりする。

コンフリクトが生じると、まずは、互いに意見を出し合い、相手を説得しようとする。互いに譲れない場合は、双方が納得するということにはならない。問題を解決するために、双方が妥協するか、もしくは、今まで双方の間にある選択肢以外の選択肢を創案して、双方にとって満足のいく解決策（win-win）を模索することになる（アダムズ&ガレインズ、2006; 福島・大渕、1997; 今井、2018a）。例えば、作業の分担を行う場合に、今まで用いられてきたスケジュールの枠組みにとらわれずに、作業を細分化したり、今まで二人で行ってきた作業を一人でも実行できるように工夫したりして、新たな選択肢を考え出すということである。こうした場合、新しい選択肢を考え出す時間的な余裕が必要であり、また、そうした案を出せるような、今までの状況にとらわれない、拡散的な思考が求められる。

（3） グループ・プロセスによる結果（アウトプット）

こうしたグループ・プロセスを経ながら、グループとしてのアウトプット（出力、結果）が形成されてくる。アウトプットについては、第三章で紹介するリーダーシップの二大機能とも関連させて捉えることができる。その一つは**課題目標の達成**、二つ目はグループ内の**対人関係**に関する機能である。図1－1では、課題目標の達成度から目標の再設定というフィードバックを描くために課題目標の達成を下部に置いている。グループにおける重要な機能の一つは、遂行すべき課題の目標の達成である。グループ・プロセスを通して、目標の達成度が決まってくる。目標を達成すれば、メンバーの満足度は上昇し、さらに困難な目標の設定につながる。達成できなければ、目標の変更、あるいは、グループ・プロセスの変更を検討することになる。例えば、コミュニケーションの取り方、議論の仕方、グループの雰囲気の変更である。また、場合によっては、目標レベルを下げたり、作業手順の再検討を行ったりする。

二つ目の対人関係は、目標に向けた種々の作業（グループ・プロセス）に伴って生じ、他メンバーに対する相互の評価から形成されるものである。メンバーAさんとは馬が合うが、どうもBさんとは合わないというように、個々のメンバーに対する評価が基本となって、集団全体の対人関係が形成されてくる。特に意見が対立したときに、どのメンバーも納得できるような形でいかに解決できるかが、その後のグループの対人関係に影響を与える。また、他メンバーに対する好感度が高く、グループ全体に対しても評価が高く、今後もグループに所属し続けたいと多くのメンバーが認知するほど、グループとしてのまとまり（**凝集性**）が高くなる。一般的には凝集性が高くなるほど、メンバー間のコミュニケーションは活発になり、協力的に作業するため、課題遂行量も増加する（マラン＆カパー、1994）。その点を表すために、図1－1の右側中段において、課題目標の達成と対人関係との間には、双方向の矢印が描かれている。

グループ・プロセスは一回限りで終わるものではなく、課題の目標達成まで螺旋状に上りながら繰り返されていくと捉えることができる（図1－1の上部）。グループも個人の発達のように、グループ全体が時間と共に発達していくといえよう。各メンバーは課題遂行や対人関係に関する問題への対処について徐々にその能力やスキルを高め、効率的に作業を進めていけるようになる。その分、リーダーも課題遂行をメンバーに任せておける（委任）ようになってくる（ハーシー＆ブランチャード、1982、第三章参照）。

（4）チームとグループはどう異なるのか？

ここまでは、グループという言葉を使ってきた。というのも社会心理学や集団力学（group dynamics）における研究では、グループという表現がよく用いられてきているためである。それに対して、産業組織心理学をはじめ、職場におけるグループ活動の応用に注目する場合（例えば、工場や建設現場における安全行動、病院での医療行為など）には、チームという言葉がよく用いられる。そこで、ここでは本書のタイトルにもあるチームとグループとの類似点、相違点について把握しておくことにしたい。両者の属性は重なる部分も多く、今まで見てきたグループ・プロセスは、チームにも当てはまる。チームの人数はチームの置かれた状況によって異なるため、一般的な人数を明示することは難しいが、四～二〇人ぐらいである（レヴィ&アスケイ、2020）。通常は、一〇人以下であり、小グループと呼ばれているものと同じ規模であると捉えてよいであろう。チームがグループと異なる点について、リード&ハマスリー（2000, p. 146）は、職場のチームを対象に次のように列挙している。

a．メンバーが**共通の目標**に向けて協働している。

b．メンバーは、職場アイデンティティの主要な側面として**チーム・アイデンティティ**を捉えている。

c．メンバー間で**オープンなコミュニケーション**を取っている。

d．各**メンバーの独自な特徴**（能力、技能、パーソナリティーなど）に基づいてチームが構成されている。

e．チーム内で各メンバーが異なる**役割**を担っている。

右記のbについては、スポーツ・チームにも当てはめて言い換えることができる。例えば、地

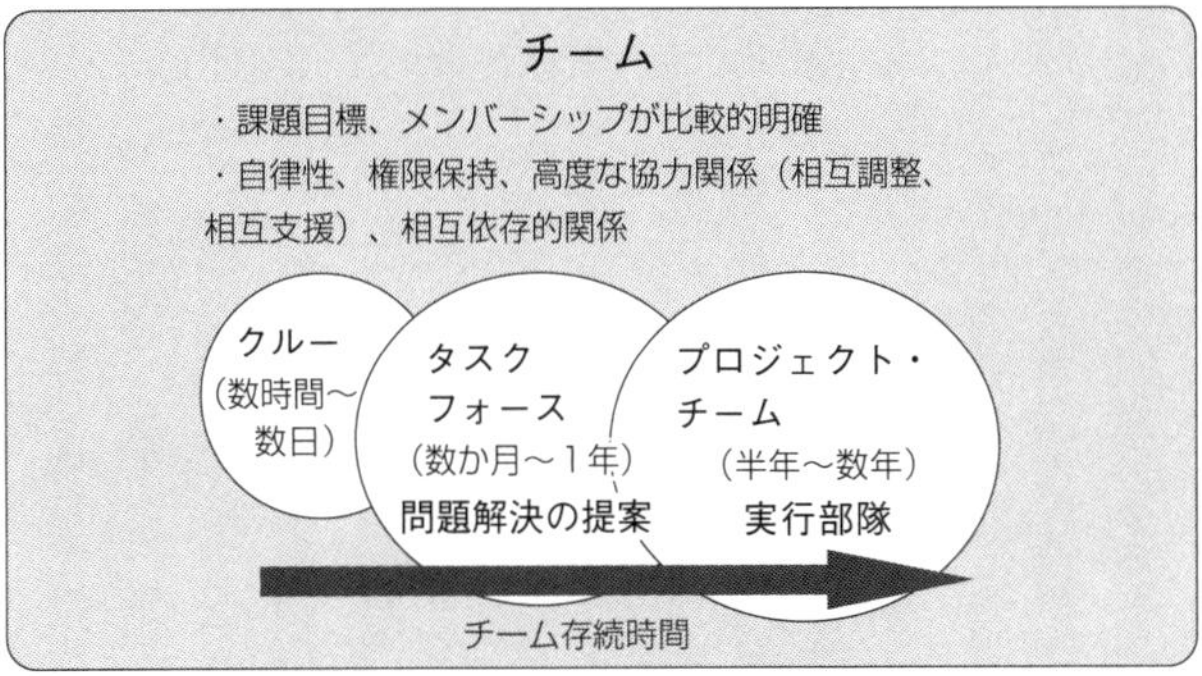

図 1-2　チームの種類と特性

域のサッカー・チームとしてのアイデンティティをチーム・アイデンティティとして捉えることができるということである。チームと呼ばれるのは、通常、職場やスポーツ（サッカー、ラグビー、バスケットボールなど）の場面であるが（レヴィ&アスケイ、2020）、その他、船舶の操船チーム、工場・建設作業現場、医療・看護現場、オーケストラ、ジャズバンドなどを挙げることができる。チームは、グループとは異なり、遂行すべき課題とその目標が比較的明確であり、**メンバーシップ**（誰がメンバーであるか）も明確であると指摘できる。

　チームの存続期間に注目して、チームを分類している研究者もいる。山口（2008）は、アローら（2000）に基づいて、チーム、クルー、タスクフォースに分け、タスクフォースとプロジェクト・チームは、ほぼ同じ存在として捉えている。本書では、タスクフォースとプロジェクト・チームとの性格の違いも加え、両者を図1－2のように分けた。

クルー（crew）は、これら三者の中で比較的、存続期間が短く、与えられた課題の目標が達成されたら解散するようなものである。例えば、ある飛行機便のパイロットをリーダーとする、副パイロット、客室乗務員の集まりがクルーである。出発から到着までの間だけ形成され、別の便では別のメンバーでクルーが形成される。その他の例としては、ある患者の手術を行う医師と看護師のクルー、消火活動を行う消防士のクルーを挙げることができよう。

それに対して、**タスクフォース**（task force）というのは、もう少し長い時間（例えば、数か月や一年）をかけて解決すべき問題について検討し、その解決策を提案するチームである。その意味では、問題解決案作成チームといえる。

そして、その実行部隊が**プロジェクト・チーム**（企画案実行チーム）である。その期間は、担当する課題にもよるが、半年から数年である。例えば、マイナンバーカードを導入することの是非、導入方法などについて検討するのがタスクフォースであり、導入方法が決まり、それを実行に移すのがプロジェクト・チームである。場合によっては、プロジェクト・チームがタスクフォース的な作業も併せて担当することもある。通常、目標の達成が明確に求められているため、メンバーも精鋭メンバーが選ばれ、可能な限り効率的に作業が進められることになる。

チームワーク（teamwork）という言葉もあるが、それは、第二節で紹介したグループ・プロセスに対応する側面であり、チームとして協働して行う作業のプロセス（過程）あるいは作業活動を指す。「チームワークがいい」という表現は、そうしたプロセスが効率的であることを示している。チームワークに含まれるプロセスを列挙しているのが、マークスら（2001）である。彼らは、チームの使命や目標の確認、目標達成までの戦略と計画、作業遂行状況の監視（モニター）、チーム内対人関係の監視、メンバー間の協力関係の維持、コンフリクトの解決、メンバーの課題遂行への動機づけ増進、メンバーの感情の管理などを挙げている。

企業や病院、官公庁などの組織（organization）においては、大きい目標を達成するために、複数のチームがさらにチームを組んで（ネットワークを形成して）実行していくことが多い。このような場合、**多重チーム・システム**（multiteam systems）と呼ばれる（フォーサイス、2019）。創薬、新車開発などに見られるように、複数のチームが活動することによってそれぞれの目標を達成することができるようになる。この場合は、各チームが大きいチームの中に入れ子状態になってつながっているため、各チームに独自に任せられている課題の遂行と、他チームとの連携の両方が求められる。その際、効率的な目標達成のためには、チーム内のチームワークよりもチーム間のチームワークの方が重要であると指摘されている（マークスら、2005）。

また、近年では、対面のチームだけではなく、**ネット上のチーム**（ｅチーム：virtual team）も形成されるようになってきた。メンバーは、ズーム（Zoom）やメタバース（Metaverse）、インスタグラム（Instagram）やＸ（旧 Twitter）などのＳＮＳ、電子メールなどを用いてコミュニケーションを取ることになる。対面よりコミュニケーションの情報量は減少することになるが、テクノロジーとそれを利用する側の技能の発達とが相まって対面状況との差は狭められつつある。ネット上のチーム形成が可能になると、メンバー間の地理的な距離を克服することができ、多様な属性をもったメンバーとチームを組むことが可能となる。ただし、その際、効率的なチームを作るには、チーム形成時のチームに対するポジティブな態度（「これからのチーム活動にわくわく感がある」）、各メンバーに対するポジティブな印象形成（「感じのよさそうな、一緒に作業して楽しそうな人たちだ」）、それに伴う相互信頼が重要である（フォーサイス、2019）。

（5）チームに独自な特性

チームの場合は、グループ以上に効率的に作業を進めることが期待されている。そのためにどのような特性がチームに求められているのであろうか。チームの**自律性**、**権限付与**（empowerment）、**高度な協力関係**を挙げているのは、レヴィ&アスケイ（2020）である。チームは、単に上位者から特定の課題を遂行するよう指示されて動くようなグループとは異なり、目標達成に向けて、自律的に動き（チーム・メンバー内で課題遂行の手順を考え、生じた問題の解決を図る）、権限をもってものごとを判断し決定する。

そのために、チームとして成功するための特性をいくつか挙げることができる。すなわち、相互依存性（interdependence）、相互モニタリングもしくは相互認識（mutual awareness）、相互調整（mutual adjustment）と相互支援（mutual assistance）である。

相互依存性というのは、各メンバーが互いに他のメンバーの存在を必要としている関係性である。チームの目標を達成するためには、自分一人の努力では叶わず、他のメンバーとの協働が必要である（例えば、いくら能力が高くても一人では野球をプレーできず、一人で新車開発をすることも難しい）。こうした点は、グループにも当てはまることであるが、目標が明確でチーム・メンバー間にその目標が共有されている場合には、相互依存的な関係性が高まる。そして、そうした関係性が高まるほど、目標も達成されやすくなるという好循環が生じる（第二章参照）。

そのような関係性の中では、メンバー間の**相互モニタリング**が求められる。それは、他のチーム・メンバーの行動や課題遂行状況を観察し確認することである。そのことによって、チーム・メンバー間の協力関係、課題遂行に関するフィードバックが維持され、業績の増進につながることが指摘されている（マークス＆パンザー、2004）。

また、相互モニタリングが可能になる前提として、メンバー間にメンタル共有モデル（shared mental model, キャノン＝バウワーズ＆サラス、2001; 秋保ら、2016）が存在していた方がよい。**メンタル共有モデル**とは、自チームについてメンバー間で共通されている認識（所属メンバー、課題、事例、作業の遂行手続きなど）である。各メンバーが共通の土台をもつことによって、作業を進めやすくなるということである。

そのようなチームとしての土台が築かれると、チームとして重要な相互調整、相互支援が可能になってくる。相互調整はチームにとって望ましくない事態が生じる前のメンバーの対応であり、相互支援は、望ましくない事態が起こってしまってからの対応（リカバリ）である（山口、2008）。チームにとっては、そもそも望ましくないことは起きてほしくないため、前者の方が大事であろう。**相互調整**とは、望ましくない事態が生じないように、相互にフォローし合うことである。メンバーAにいくつかの作業が集中してしまい、それがチーム全体の課題遂行のボトルネック（障壁）になりそうだというときに、その状況にいち早く気づき、メンバーAに手を差し伸べることである。そうすることによって、メンバーAのために作業が滞《とどこお》ったり、メンバーAが疲労困憊《こんぱい》に陥ったりすることを未然に防ぐことになる。

他方、**相互支援**は、望ましくない事態が起こってしまってからの対応である。バレーボールで言えば、自チームの他のプレイヤーが取りこぼしたボールをうまくフォローして、相手チーム陣地に返すというイメージである。もちろん精鋭のため失敗を犯す頻度は少ないであろうが、あらゆる状況をあらかじめ想定し、それに即応できるようにしておくことである。また、課題遂行状況が停滞していることをいち早く察知し、その対応策をすぐに考え、協働してそれを実行できるという態勢である。相互調整も相互支援も、グループで行われている場合もあるが、チームの場合はそれがより効率的に行われているといえる。

こうしてチームの諸特性を見てみると、目標達成まで相互信頼を保持しながら、刻々と変化する状況に合わせて、アメーバのように臨機応変にチームの態勢を変えていく姿をイメージすることができる。自分の役割をきちんと認識し、それを的確に遂行しながらも、周囲のチーム・メンバーにも目を配り、チーム全体として確実に作業を進めていくというイメージである。

（6）目標を達成しやすい効率的なチームとは――チーム・ビルディング

目標を達成しやすい、効率的なチームというものは、どのように作ればよいのであろうか。**チーム・ビルディング**（効率的なチーム形成に向けた訓練）の問題である。それは、チーム・メンバーに求められる能力を改善し、発達させようとすることであるが、その前提として、チーム・メンバーシップの醸成、あるいは、チームとしてのアイデンティティ（自分たちは同じチームであるという一体感の認識）の確立がある（第二章参照）。「はじめに」で述べたように、チームというものを実体としてなかなか知覚しにくいため、それを可視化することの有効性が指摘されている。具体的には、チームの名前（呼称）、ロゴ、マスコット、スローガン（標語）、Tシャツや帽子などを設定することである（クレイガンら、2008）。その他、チーム内だけで通用する言葉やその使い方の共有も一体感をもつには有効である。また、チーム形成当初の緊張を解くためには、相互の自己開示、ポジティブな感情（例えば、笑い）を伴う体験の共有などがある。そして、チームとしての成功体験を重ねることによって、チーム内の対人関係は徐々に固まっていく。チーム・アイデンティティが形成された後は、各メンバーの能力を増進させるためのチーム・ビルディングとなる。その能力としては、目標設定、計画、課題遂行、協働、コミュニケーション、意思決定、問題解決、コンフリクト解決などを挙げることができる。ウィリアムズら（2003）は、チーム・ビルディングの目標を列挙しているが、それらは、チームに必要なものとして理解することもできる。

a. チームの**効率性**や**凝集性**を高める。
b. チーム・メンバーの動機づけやチームへの**コミットメント**（関わり）を高める。
c. チーム内に高度な**協力関係**を作る。
d. **各メンバーの行動**がいかにチームワークに結びつくか、あるいはそれを損なうかに気づく。
e. 目標を達成するための**リーダーシップ**の役割、効果的な**コミュニケーション**の必要性、チーム内の**資源と技能**の管理、短期的な**目標**と将来的な目標（vision）の重要性、問題解決方法と**メンバー間のコンフリクトや差異**の対処方法、**チームのまとまり**やチームへのコミットメントについて理解する。

具体的には、どのようなチーム・ビルディング方法があるのであろうか。レヴィ＆アスケイ

（2020）は、役割の明確化、対人プロセス・スキル、凝集性の向上、問題解決などについて紹介している。例えば、**役割の明確化**の場合は、各メンバーの役割や責任、チーム内の規範を明確化するための方法が考えられている。一つは、交渉アプローチであり、メンバーに自分たちの置かれている状況を分析してもらい、他のメンバーならばどのようにその状況を改善できるかを考えてもらうのである。そうした考えをもち寄って、改善策を検討していく。別の方法は観察アプローチとも呼べるものであり、各メンバーの役割を分析するために相互に行動を観察してもらう。その結果、役割内の行動を取っていなかったり、特定の行動だけを繰り返したりしていることが見出される。そうした情報を出し合って、役割に基づく行動パターンを改善していくのである。この場合、第三者の立場からチーム・メンバーの行動を観察することも気づきにつながる。

対人プロセス・スキルの場合は、前述の相互調整や相互支援などを促すためのチームワーク・スキルと呼べるものである。まず、対人プロセス・スキルとは何かをメンバーに理解してもらった後、「砂漠生き残りゲーム」のようなコンセンサス（合意）ゲームでそれを実践し、その行動を分析するという方法が採られている。その際に専門家を呼んで講評してもらう方法もある。

凝集性向上の場合は、メンバー間の心理的なつながり（チームへの所属感、一体感、相互理解など）を高めることになる。それを通して、メンバーの動機づけ、信頼感、協力関係を高めていくことができる。そのための方法としては、チームの境界（メンバーシップ）を明確にすること、そのために前述したチームの可視化を図ること、チームとしての成功を皆で盛大に共有すること、チームでアウトドア活動に興じることなどを挙げることができる。

こうしたチーム・ビルディングはどの程度効果があるのであろうか。チーム・ビルディングとチーム業績との関連性に注目したメタ分析によると（サラスら、1999）、あまり芳しくない結果である。ただし、その中でも比較的効果が認められているのは、役割分担の明確化であり、チーム内の役割を明確化し、各メンバーの役割の遂行を確実に行えるようにしておくこと、他メンバーの役割を知っておくことが必要なようである。

ここまで、各チームは自チームだけでも存在しうるということを前提に話を進めてきたが、自チームの存在を認識できるのは、他チームの存在があるためであるという考えが提唱されている。次章ではその考えを紹介し、チーム間関係にも目を向けていくことにする。

第二章　自チームと他チーム――内集団と外集団

【エピソード】　大学のサークルの仲間とアプリ開発のコンテストに応募することになった。当初はメンバー全員がアプリ開発へ向けて燃えていたが、数週間経つと少し気がゆるんできたようである。そこへ、リーダーがライバル大学のサークルの情報をもってきて、そのサークルも同じコンテストに応募することがわかった。すると、ライバル意識が出てきたのか、改めてみんなの気持ちが一つにまとまり、作業の進み具合が速まった。

（1）　社会的アイデンティティとは

チームというイメージをつかんだところで、メンバーシップについて考えていきたい。どのような要因が「自分はこのチームのメンバーである」という認識を各メンバーにもたらすのであろうか。タジフェルら（1971）は、最小グループという考え方（最小グループパラダイム）を提唱している（本書では、主にチームという言葉を使うが、タジフェルらの理論では、グループという言葉が使われているため、本章では、グループを使う場合もある）。

例えば、ある集まりで「メガネをかけている人」というカテゴリーを設けた場合、メガネをかけている人たちとかけていない人たちとに個人を分けることができる。この時点では、個人間の相互作用は生じていないため、単なる集まり、カテゴリーと言ってもよいかもしれない。しかし、この一言だけでメガネをかけている人たちとそうでない人たちとのグループ（カテゴリー）が生じ、それぞれが「自分はこっちのグループ、彼らは向こうのグループ」という認識が生じる。タジフェルらは、これがグループ、カテゴリー間を識別する最小の手がかりであると指摘している。ここから、グループ内のメンバーに共通する要因（**類似性**）が、グループ形成には重要であることがわかる。もちろん、第一章で見てきたグループ・プロセスはまだ生じておらず、グループの定義にも満たない部分があるが、これがグループの萌芽といえよう。そして、このまま、各グループのメンバー間の相互作用が生じなければカテゴリーの設定というだけに留まり、相互作用が生じてくればグループが形成されつつあることになる。

彼らの指摘はこの点だけに留まらず、このグループやカテゴリーへの所属感が、その個人の社会的なアイデンティティを形成するということである。先の例で言えば、「自分はメガネをかけているカテゴリー」に所属しているという認識が、その個人の自己把握にも役立っているということである。もちろん、メガネをかけていることだけがその個人のアイデンティティの認識を形成するものではないが、その構成要素の一つとなる。そうしたカテゴリーへの所属、実際のグループやチームへの所属がその個人のアイデンティティを形成している。

アイデンティティとは、エリクソン（1968/2017）の概念であり、「自分とはどのような存在であるか、自分とは何者か、自分らしさは何か」など自分自身を捉えることである。このアイデンティティを把握するために、われわれが自分の所属している集団やカテゴリーを用いていることを指摘しているのが、タジフェル&ターナー（1986）の**社会的カテゴリー理論**である。

例えば、次の文章の空欄に自由にあなた自身のことについて記述してみてほしい。

私は、○○○○である。
私は、○○○○である。
私は、○○○○である。
私は、○○○○である。

紙幅のために四つまでしか項目を挙げていないが、思いつくだけ回答してほしい。

例えば、以下のような例が考えられる。

私は、大学生である。
私は、北海道出身である。

私は、テニス・サークルのメンバーである。

私は、新しもの好きである。

四番目の例のように、外向的、楽観的のようなパーソナリティを空欄に入れた人もいるかもしれない。しかし、その前に書かれているような、カテゴリーやグループを入れた人も多いと思う。そのカテゴリー（性別、出身都道府県、職業など）や所属グループ（大学、企業やその部署、地域の野球チームなど）が、個人の社会的なアイデンティティを形成し、個人はそれを基に自分の存在を認識できているという訳《わけ》である。タジフェルらは、個人の所属するカテゴリーやグループに基づいて個人のアイデンティティを認識させうるものを**社会的アイデンティティ**と呼んでいる。

社会的アイデンティティ理論によれば、社会は複数の**社会的カテゴリー**の集合体であり、社会的カテゴリーは、経済や歴史の影響を受けている。例えば、性別というカテゴリーは、時代によってその意味合いが異なり、男性を優遇する捉え方がされていた時代から、現在は、男女共同参画を推奨するように変化している。社会的アイデンティティ理論の重要な部分の一つは、個人がアイデンティティを自分の所属している社会的カテゴリーから得ているということである。すると、必然的に自分の所属するイン・グループ（内集団、自チーム）とそれ以外のアウト・グループ（外集団、他チーム）の認識が生じてくる。そのような状態は、自然に両グループ間の比較（社

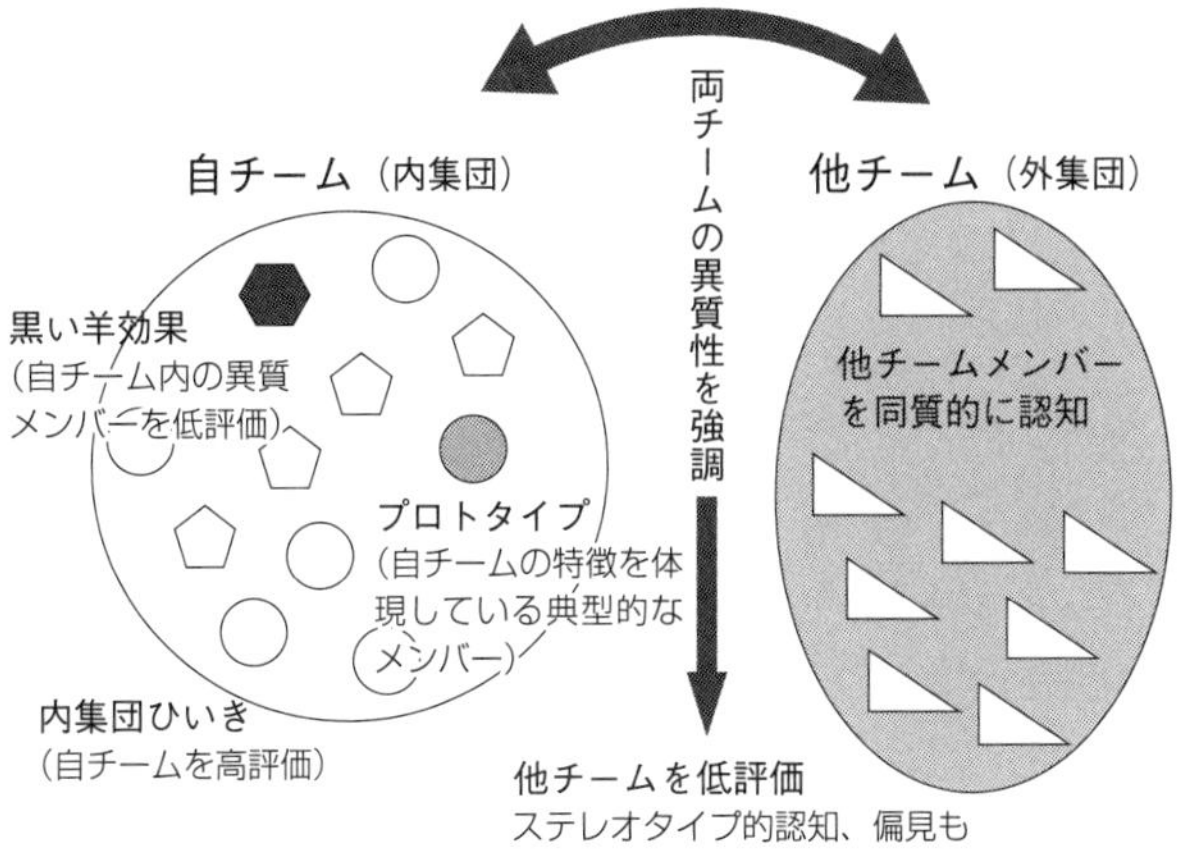

図 2-1　社会的アイデンティティ理論（自チーム・メンバーからの視点）

会的比較）と評価が生じる（図2－1）。

通常、個人は、自分に対する評価を高くしようとするため（自己評価維持、自己高揚動機）、アウト・グループよりも自分が所属している自チーム（イン・グループ）の方を高評価する（内集団ひいき）。また、他チーム（アウト・グループ）のメンバーを同質視し（どのメンバーも同じように見える）、ステレオタイプ化する（実際よりも単純化して認識する）。そのステレオタイプに評価が加わり、**偏見**となる。自分の所属する大学（あるいは、企業）には、いろいろなタイプの学生がいるという認識をもっていても、他大学の学生との接触は相対的に少ないため、同じような属性や特性をもつ人たちであると単純化して認識しがちであるということである。

（2）自チーム内の異端児に対する評価と異端児の効用

こうした中で、自チーム内の規範に従わない異質なメンバーがいる場合がある。少々大げさに言えば、異端児である。そのような存在は、表面的にはチーム内に波風を起こす可能性がある。

自チーム内の大方のメンバーが白い羊で、異端児を黒い羊とする。自チームのメンバーは、白い羊、黒い羊、そして、他チーム・メンバーをどのような順番で高く評価するのであろうか。白い羊を最も高く評価することは、先に述べた自己評価維持や自己高揚動機に基づいて理解できる。問題は、残りの二者である。どちらを高く評価するのであろうか。

マルケスらは、黒い羊よりも他チーム・メンバーの方を高く評価することを見出した。他チーム・メンバーよりも自チームの異端児を低評価する傾向があるとは少々驚きであるが、自チームに基づくポジティブな社会的アイデンティティを維持したいと考えるため、それを脅かす異端児を毛嫌いするということである。マルケスら（1988）は、こうした状況における異端児への低評価を「黒い羊効果」と呼んでいる。

さらに、ピントら（2010）は、黒い羊効果の対象となるメンバーとして、新入メンバー、一般メンバー、（活動にあまり熱心でない）周辺的なメンバーの三種類を設定した。これらのうち、特に一般メンバーがグループの他のメンバーと異なる意見をもっている場合に、最も低い評価が下されたことも見出している。対象となるメンバーの所属期間や活動状況によって、黒い羊効果の

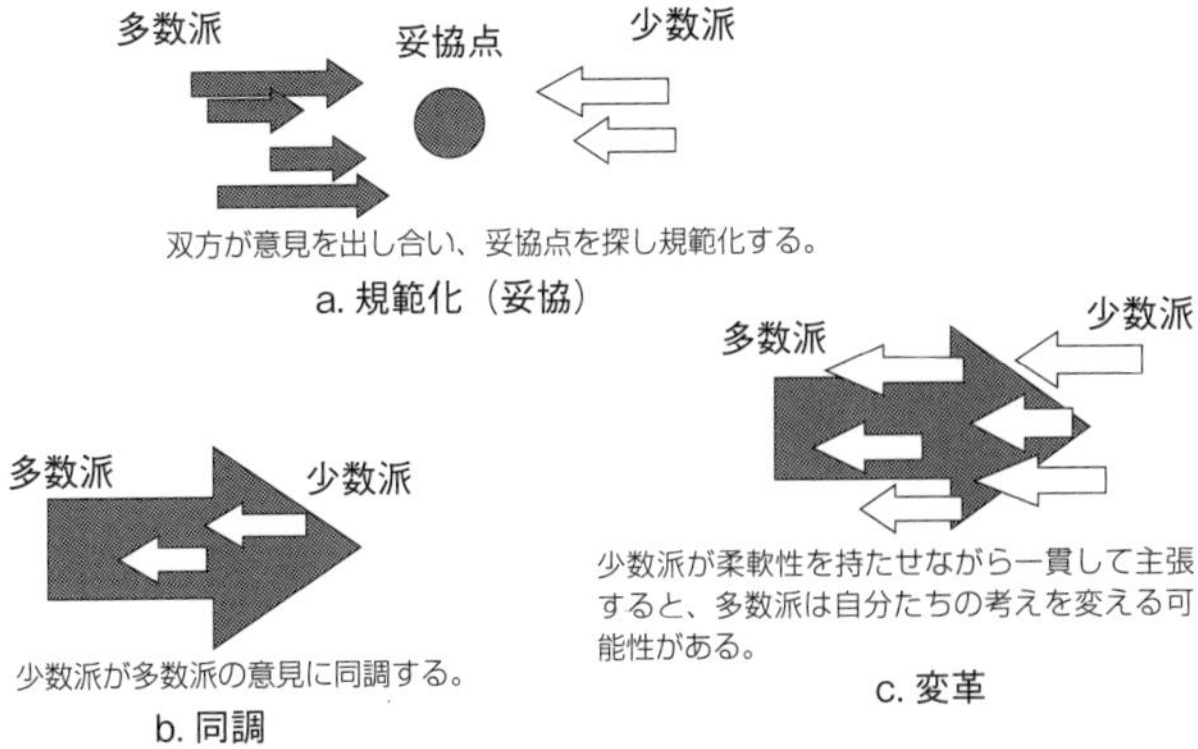
多数派
妥協点
少数派
双方が意見を出し合い、妥協点を探し規範化する。
a. 規範化（妥協）
多数派
少数派
少数派が多数派の意見に同調する。
b. 同調
多数派
少数派
少数派が柔軟性を持たせながら一貫して主張すると、多数派は自分たちの考えを変える可能性がある。
c. 変革

図 2-2　コンフリクトの解決パターン

表れ方が異なるということである。

チームにおける異端児の存在は、それが少人数であるために、モスコヴィッシ（1980）の**少数派による影響**に関する研究にも関連していると言える。モスコヴィッシによれば、グループ内の影響の及ぼし合いが生じるのは、コンフリクト（意見の対立）が生じた場合である。その解消パターンとして三種類あるという（図2－2）。規範化（妥協）、同調、変革である。

規範化（妥協）というのは、チーム内で少数派のメンバーが異なる意見を出してきた場合、相互に意見を出し譲歩し合って妥協点を見つけ、それをチームの規範にするという場合である。それに対して、多数派が少数派を凌駕し、多数派の意見を押し通すのが（少数派による多数派への）**同調**である。アッシュ（1955）の実験の状況である。その逆パターンが**変革**であり、少数派が多数派の意見を覆《くつがえ》すという場合である。モスコヴィッシは少数派であっても多数派の意見を変えることができ、それがグループやチームに変革をもたらす契機になると指摘している。その意味では、少数派や異端児は必ずしもチームにとって困る存在ではなく、今までの沈滞化したチーム状況に刺激を与える存在となり得るということである。

それでは、少数派がどのように行動すれば、グループやチームに変革をもたらすことができるのであろうか。モスコヴィッシによれば、例えば、**一貫性**、**柔軟性**を挙げることができる。すなわち、自律的に一貫して自分の意見、考えを主張し続けること、また一貫して主張しながらも、同じパターンで繰り返すのではなく、種々の側面から柔軟性、変化をもたせながら主張することである。

（3）チームの凝集性（まとまり）を高めるには

社会的アイデンティティ理論が主張するもう一つの側面がチームの凝集性である（ホッグ、1992）。他チームの存在を認識するがゆえに、自チームの結束が強くなるという点である。**凝集性**（cohesiveness, cohesion）とは、各メンバーが自チームにとどまっていたいと思い、チームとしてのまとまり、一体感があることである。

アイスら（2009）は、凝集性を二種類に分類できると主張している。課題的凝集性と社会的凝集性である。第一章で見たグループ・プロセスのアウトプットにも対応した捉え方である。前者の**課題的凝集性**は、課題の目標をはじめ、課題遂行についてチーム内で意見がまとまっていることである。それに対して、**社会的凝集性**は、チーム内の対人関係に関するまとまりであり、ここでは、特に後者に焦点を当てることにする。

凝集性に関する研究結果を見ると、凝集性が高いチームほど、ポジティブ（友好的、協力的、民主的）な相互作用を行い、メンバー間で相互に影響を及ぼし合い、チーム内の対人関係に配慮し、課題目標を達成しやすい。集団凝集性と業績（performance）との関連性に関する六六の研究結果をメタ分析したマレンとカパー（1994）によれば、集団凝集性が高いほど業績も高くなる傾向が認められる。ただし、その効果量はそれほど大きいわけではない（r=.248であり、小程度の効果。値が1に近いほど効果大）。この関係性は、（人数の多い）大きいグループよりも小さいグループ／チームで認められやすい。さらに、この関係性をもたらしている凝集性の種類は、課題的凝集性よりもメンバーに対する魅力やチームの成功体験に基づく社会的凝集性である。

また、凝集性が高いほどチーム内の同調も生じやすく（ロット&ロット、1961）、社会的手抜きが生じにくいことも指摘されている（カラウ&ウィリアムズ、1997）。**社会的手抜き**とは、メンバー同士が同じ作業を行い、チーム全体としての成績が評価される場合、できるだけ高業績を出すように言われても、チームの人数が多くなるほど一人当たりの作業量（平均作業量）が低下する現象である。例えば、インガムら（1974）の綱引きを用いた実験では、単独の牽引量（五九kg、一〇〇％）に対して、三人時の平均牽引量は四八・四kgとなり、単独時の八二％であった（ただし、この綱引きの場合は四～五人で底打ちとなった）。他のメンバーの人数が多くなるほど、一所懸命作業しているつもりでも、つい手を抜いてしまうということである。凝集性の高いチームでは、そうした手抜きが生じにくくなるというのは、理解できることであろう。

チーム内の対人関係はあまりよくないが、まとまりのあるチームを形成しているスポーツ・チームの例が散見される。そこで、先に挙げたホッグ（1992）は、従来の凝集性の捉え方がチーム内の対人関係（チーム内の他メンバーに対する好感度）だけに基づいたものであることを指摘し、チーム間関係という視点を取り入れる必要があることを主張している。その際に、社会的アイデンティティ理論を発展させた**自己のカテゴリー化理論**（ホッグ＆アブラムス、1988）という考え方も提唱している。

自己のカテゴリー化とは、前述のように、自分自身をある社会的なグループ（〇〇会社の△△部、〇〇大学体育会の△△部など）や社会的なカテゴリー（性別、職業など）の一員であると認識することである。さらに、各グループやカテゴリーに存在している**プロトタイプ**（そのグループやカテゴリーの特徴を最もよく表している典型的なメンバーのこと。図2－1参照）について、自分（もしくは他メンバー）との類似性を認識することでもある。そのことによって、独自な特徴をもつ個人としての自己の認識が弱まり、グループ／チームの一員としての認識が強くなる。各メン

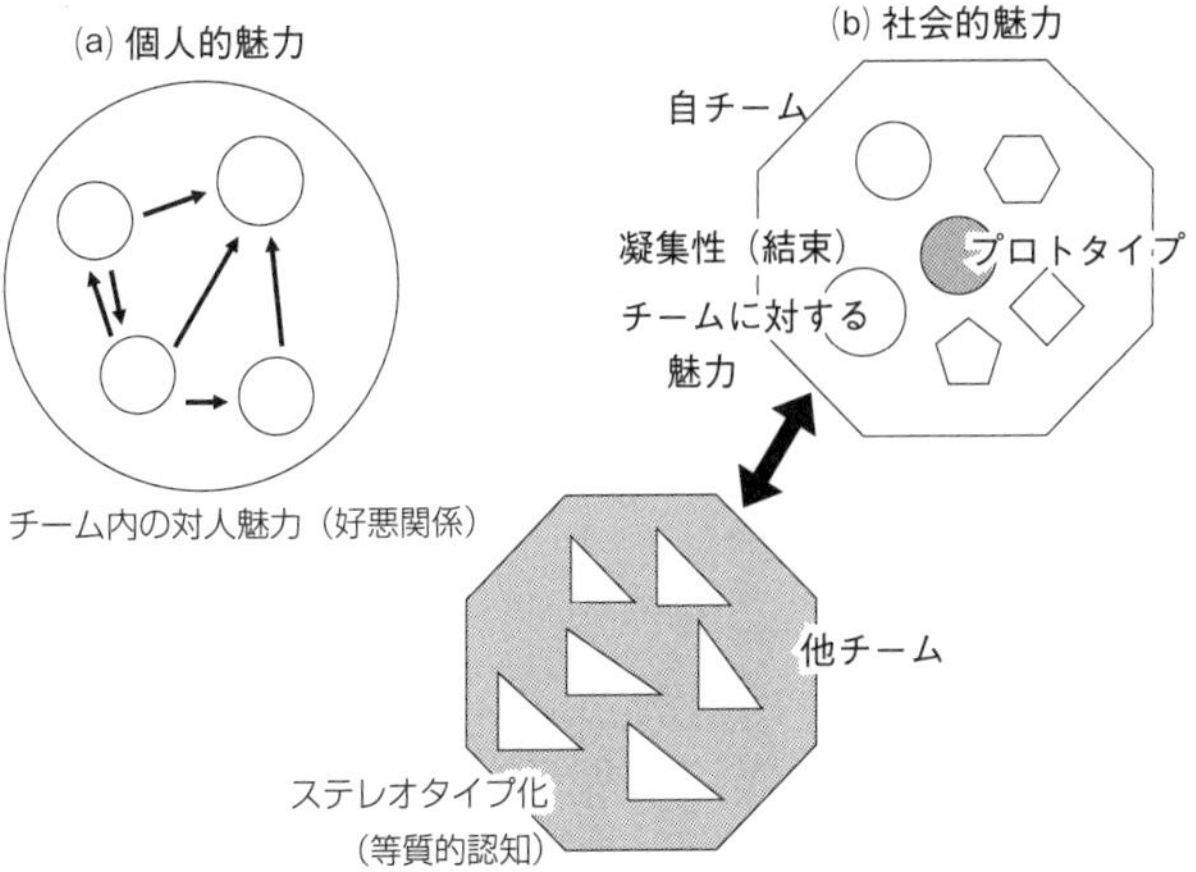

図 2-3　社会的アイデンティティ理論、自己カテゴリー化理論から見た凝集性

バーがそのように認識することによって、グループ／チームにおけるものの見方、考え、行動が一つにまとまってくる。自己のカテゴリー化によって、自分たちのチームを中心に考えるようになり（自グループ／チーム中心主義）、自チームと他チームとの違いを認識し、自チームを高く評価し（内集団ひいき）、他チームをステレオタイプ的に認知するようになる。

　別の側面から見れば、グループ／チーム内の魅力には、個人的魅力と社会的魅力の二種類が関係している（図2-3）。**個人的魅力**の場合は、特定の対人関係に基づいた、独自な存在としての個人に対する魅力（好意、好感）である。この場合、他のメンバーで代替することは不可能であり、「他の誰でもない、Aさんが好き」ということになる。それに対して、**社会的魅力**の場合は、特定のグループ／チーム・メンバー（プロトタイプ）によって具現化されているグループ／チーム全体に対する魅力である。「自チームと他チームを区別することに基づいた、自チームに対する魅力」ということもでき、「Aさんのような人がいるこのグループ／チームが好き」ということになる。人数の少ない小グループやチームの場合は、頻繁な対面的な相互作用が多くなるため、両方の種類の魅力が生じやすくなる。

社会的アイデンティティ理論や自己のカテゴリー化理論の観点からいえば、個人間の対人的魅力ではなく、社会的魅力がグループ／チームの凝集性と関連している。他チームが認識されないと、自チームの凝集性は高くならないという、チーム間関係を重視した捉え方であり、本章の冒頭にあるエピソードのような状況である。その上で、チームとして課題目標を達成し、成功体験を積み重ねていくと、ますます凝集性が高まることになる。

(4) チーム間の敵対関係を解消するには

ちょっとしたきっかけから二つのチームが敵対関係になってしまうことがある。短期間のうちに双方がよくコミュニケーションを取り、お互いの考えを聞き、効果的な解決策を考案できれば、元の良好な関係性に戻ることができるかもしれない。しかし、それがうまくいかず、長期化すれば解決が難しくなる。そのような場合には、どのようにすれば解決できるのであろうか。

敵対関係にある二つのチームの関係性を改善する方法を示しているのが、シェリフら（1961/1988）が行った、一一歳の小学生男児二二人を対象にした三週間のサマー・キャンプの現場実験である。キャンプに参加した小学生は互いに見知らぬ同士であった。以下に示すのは一九五四年にアメリカ・オクラホマ州東部にあるロバーズ・ケーヴ（Robbers Cave）州立公園で実施された三回目の実験である。現場実験といっても、複数の実験条件（独立変数）を設定して、条件ごとの結果（従属変数）を比較するという研究ではなく、シェリフら研究者が意図的に設定した種々の状況において少年たちがどのように行動するかを観察したものである。その概要を簡単に見ておくことにしたい。

彼らの研究は、大きく三つのセッションから構成されていた。すなわち、（1）二つのグループ形成の段階、（2）グループ間敵対関係形成の段階、そして、（3）敵対関係解消の段階である。実験を担当したのは、シェリフをはじめ六人の男性であった。まず、少年たちは、種々の側面（身長、体重、運動技能、クラスでの人気度など）で同質になるようにあらかじめ二つのグループに分けられ、両グループが互いに遭遇しないよう、それぞれの活動領域も分けられていた。少年たちは、グループ内での結束が高まるように、グループごとに食べ物を調達したり、火をおこしたり、テントを張ったりした。それぞれ「自分たちは同じグループの一員である」という所属感が次第に形成されるように、第一セッションの最終日近くでグループに名前をつけたり、旗を作ったりした。二つのグループには、少年たちによって、それぞれイーグルス（鷲）、ラトラーズ（ガラガラヘビ）と名前がつけられた。

次に、五日間にわたって、二つのグループが敵対的になるようにした。野球や綱引き、テント張り、宝探しなどグループ対抗の競争的なゲームを行い、勝った方には、トロフィーやメダル、キャンプ用ナイフなどが与えられた。当初、少年たちはスポーツマン精神に則《のっと》って声援を送っていたが、次第に相手グループに罵声を浴びせるようになった。イーグルスがラトラーズの旗を燃やしたことで両チームの関係はさらに悪くなり、最終的にイーグルスの勝利が決まった後、ラトラーズがイーグルスの宿泊小屋を急襲することも発生した。研究者たちは、そこで、第一回のソシオメトリックテスト（キャンプに参加している仲間の中で友だちといえるのは誰かを個別に回答させた）を実施し、グループ内での友人選択が多く、相手グループからの友人選択がかなり少ないことを確認した。

次に、この敵対関係を解消するために、まずは、単純接触法を用いることにした。両グループを七つの場面（同じ食堂で食事、一緒に映画視聴、同じ場所で遊ぶなど）で接触するようにしたのである。しかしながら、敵対関係の解消には至らず、むしろ敵対関係が継続、増幅される傾向が認められた。そこで、第二の方法として、相互依存的協力法を用いることにした。それは、一つのグループでは解決できない、協働的活動を必要とするような上位目標（superordinate goals）を設定したのである（シェリフ、1958; 古畑、1980参照）。例えば、研究者たちがわざと給水設備に手を加え、みんなで修理しなければならないようにしたり、食料運搬のトラックが轍《わだち》にはまってしまい、みんなでトラックを綱で引いたり押したりしなければならないようにしたり、両グループが見たいと思っている映画を借りるためにみんなでお小遣いを出し合ったりするというようなことであった。そうした体験を重ねた後、二回目のソシオメトリックテストを実施したところ、今度は、相手グループからも友人を選択したことが認められ、完全にではないが、敵対関係が低減されたことが確認された。

この実験から、一度、敵対関係になった集団を単に一つの場所に集めたり、同一の行動を取らせたりするだけでは敵対関係の解消には至らないこと、両グループが力を合わせないと互いの抱えている問題を解決できないような相互依存的状況が必要であること、そうした状況内で両グループが協力して問題を解決することにより、敵対関係の解消が見出されたといえよう。

ただし、この現場実験に対して批判がないわけではない。例えば、少年たちはほぼ同質な社会的、文化的背景の出身であったこと、研究期間は一カ月に満たない期間であったこと、実験参加者が小学生男児のみであったこと、サマー・キャンプという特別な社会的状況であったこと、シェリフをはじめとする六人の実験者による少年たちの行動への介入が恣意的であった可能性などである（ペリー、2018）。したがって、この結果の一般化には慎重である必要があるが、二グループ間の敵対関係を解消するには、上位目標を設定し、二グループが相互に依存的関係になる状況を作る必要性について知ることのできる現場実験であるといえよう。

ただし、ある問題について二グループが意見を対立させている場合には（例えば、ゴミ焼却場建設に関する自治体と地域住民との意見の対立）、両グループ間に相互依存的関係を作るというのは難しく、別の方策を考えざるを得ない。ザンダー（1994/1996）は、軽度の対立の場合は、相互に理想となる解決案を複数出し合い、その中から現実的なものを選び、長所短所を議論して、双方に納得できるものを選び出す方法を紹介している。重度の場合は、調停者に調停を依頼したり、調停者の下で両グループが三～四日をかけて議論する場を設けたりする方法が考えられている。

こうしたグループ活動を行っていると、自然にグループをまとめる個人、すなわちリーダーが生じてくる。リーダーがいた方が、効率よくグループ活動を進めることができるようになるためである。そこで次章では、グループ／チームにおけるリーダー、リーダーシップについて見ていくことにしよう。

第三章　リーダーシップの働きとは何か

（1）リーダーシップとは

【エピソード】カフェでアルバイトしているが、途中で店長が替わった。今までは、仕事に厳しい店長で緊張感がバイト仲間に流れていた。新しい店長は話しやすくて人当たりがよく、何か和《なご》んだ雰囲気になった。今まではアルバイトに行くのが億劫《おっくう》なときがあったが、今は結構楽しんでいる。だからといってバイト仲間は仕事の手を抜いているわけではなく、前よりも売り上げは伸びているようである。

右記の例では、リーダーである店長がアルバイト仲間を含めた店内の雰囲気に影響を与えていたようである。では、リーダーと聞いて、どのような存在を思い浮かべるであろうか。例えば、以下のようなリーダーの行動を挙げることができよう。

・グループ／チームの活動をまとめてくれる
・グループ／チームで行う課題（作業）についてよく知っていて、メンバーにその手順やコツ

を教えてくれる

・メンバーの課題遂行に関するやる気を高めてくれる
・課題や課題遂行に関する情報を提供してくれる
・メンバーの個人的な問題にも対応してくれる
・グループ／チームの中で生じたメンバー間のコンフリクトをうまく解決してくれる
・他のグループ／チームや部署とうまく交渉してくれる
・グループ／チームの考えや成果を外部にうまくアピールしてくれる

こうしてみると、リーダーはグループ／チームにおいて多くの行動を取る必要のあることがわかる。一般的には、**リーダー**（先導者、leader）とは、グループ／チームの目標を達成するために、メンバーの活動を調整し、監督する個人として捉えられている。

それに対して、**リーダーシップ**（leadership）とは、グループ／チームの目標を達成したり、グループ／チーム内の対人関係を維持するために、メンバーに指示を与えたり、まとめたり、奮起させたり、支持したりして影響を与えること、他グループ／チームとの関係にも携わることである。リーダーがグループ／チーム内の特定の働き（機能）を果たす個人を指すのに対して、リーダーシップは、その働きのことを指している。現在では、特定の個人に注目するというよりは、そうした働きに注目することの方が重要であると考えられ、リーダーシップという言葉の方がよく使われている。というのも、特にメンバー数の多いグループの場合は、リーダー的存在が複数になり、課題目標の達成に関わるリーダーとグループ内の対人関係に関わるリーダーに分かれる場合があるためである（永田、1965a, b）。

グループ／チーム内において、リーダー以外のメンバーは**フォロワー**（追随者、follower）と呼ばれる。リーダーの下、目標達成に向けて課題遂行に関わる行動を取るメンバーである。フォロワーの果たす機能およびそれに対応する行動として**フォロワーシップ**という言葉も使われるようになってきた。フォロワーシップには、例えば、主体的・能動的行動、意見表明、従順的・忠誠的行動、他メンバー支援、信頼性などが挙げられている。ウビエンら（2014）は、グループ／チームにおいては、リーダーシップだけではなく、フォロワーシップも相まってグループ／チームとしての成果が生じると捉えている。

（2）リーダーシップの二大機能

リーダーシップにはどのような機能があるのであろうか。リーダーはグループ／チーム内においてどのような働きをすることが求められているのであろうか。それをわかりやすい形でまとめているのが、**PM理論**である（三隅、1984）。日本発の世界的にも知られているリーダーシップ理論である。この理論によれば、リーダーシップの機能は大きく**P機能**（業績 performance）と**M機能**（維持 maintenance）の二つに分けられる。前者はグループ／チームの課題遂行に関わる側面であり、リーダーとフォロワーの関係を目標達成に向けて形成し、集団内の役割分担、コミュニケーションの伝達経路、各課題の作業手順などを明確化することである。例えば、各メンバーに特定の課題を割り当てること、メンバーに所定の手続きに従ったかどうかを尋ねること、グループ／チーム内においてメンバーが自分の役割を理解しているかどうかを確かめることなどである。後者はグループ／チーム内の対人関係の維持に関わる側面である。リーダーがメンバーに対して友好性、相互信頼、尊敬、温かさなどの行動を示すことである。例えば、メンバーに対して友好的で親しみやすく接すること、メンバーの意見を聞くための時間を割くこと、すべてのメンバーに対してリーダーと同等のものとして接することなどである（図3－1）。リーダーシップの機能をこのように大きく二つの側面から捉えようとする考え方は、カートライト＆ザンダー（1960）にも通じている。

PM理論では、グループ／チームの中でリーダーがP機能とM機能をそれぞれどの程度果たしているかに基づいて四つのリーダーシップ・スタイルが設定されている（図3－2）。リーダーが二つの機能をどの程度果たしているかを測定するために、三隅（1986）はPM尺度を作成している。これは、フォロワーが自分のリーダーの行動を各機能一二項目に従って評定していくもの

課題遂行機能
（メンバー間の異質性重視）

・課題目標（ヴィジョン）の明示
・目標達成までの計画と手順の明示
・効率的な役割分担と作業の割当
・作業遂行への鼓舞
・技能の伝達や指導
・率先垂範
・作業遂行状況の監視
・課題遂行情報の管理と提供
・チームの発達、変革への推奨
・チームの外的環境への対応
・メンバー業績に応じた報酬付与など

＋

集団（対人関係）維持機能
（メンバー間の類似性重視）

・メンバーへの個別的配慮、支援（共感、アクナレッジメント（承認）、相談に乗るなど）
・メンバー間のコンフリクト（葛藤、対立）の解決
・他メンバーからの評価を懸念しないような雰囲気作り（心理的安全性）
・メンバー間の好意的雰囲気の醸成（凝集性）
・対人ネットワークの形成など

図 3-1　リーダーシップの二大機能

である。機能ごとに得点を算出し、得点が平均以上、平均以下であることを確認し、その組み合わせでリーダーシップ・スタイルを判定する。P尺度を測定する質問項目には、例えば、職場向けの尺度の場合、「あなたの上役は規則に決められた事柄にあなたが従うことをやかましく言いますか」、「あなたの上役はあなた方の仕事に関してどの程度指示命令を与えますか」、「あなたの上役は仕事量のことをやかましく言いますか」というものがある。他方、M尺度には、「あなたの上役は職場に気まずい雰囲気があるとき、それをときほぐすようなことがありますか」、「あなたは、仕事のことであなたの上役と気軽に話し合うことができますか」、「あなたの上役は個人的な問題に気を配ってくれますか」というような項目が用意されている。

それでは、これらのリーダーシップ・スタイルのうち、どのスタイルの業績が高いのであろうか。三隅（1984）は、九州地方にあった炭田の炭鉱夫、銀行員、ベアリング会社

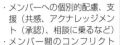

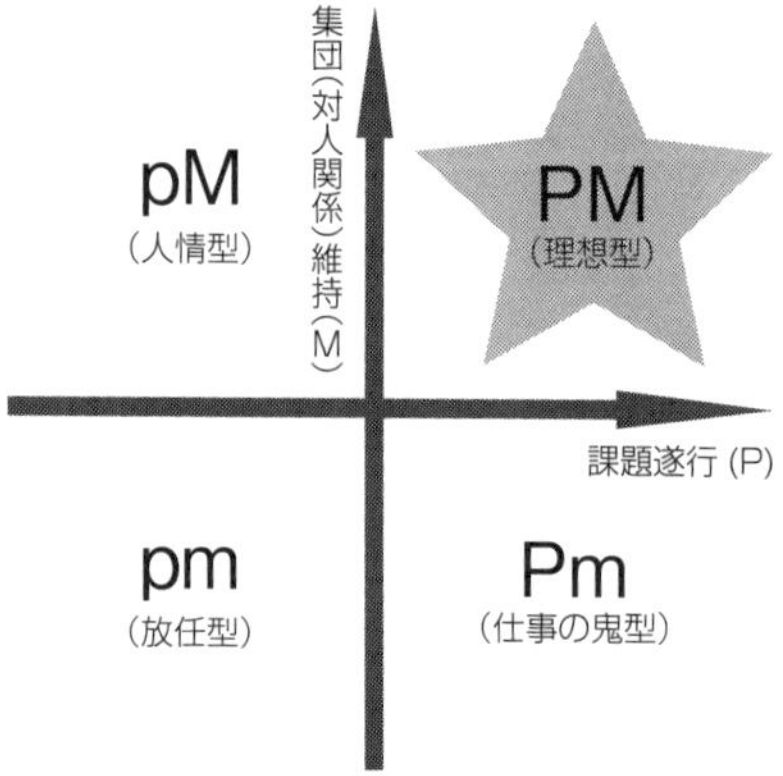

図 3-2　PM 理論に基づく 4 つのリーダーシップ・スタイル

の従業員などの協力を得て、各リーダーシップ・スタイルとグループの業績、メンバーの満足度との関連性に関するデータを収集し分析した。その結果、ある程度一貫して、PM > pM ≧ Pm > pm（P > p, M > m）であることが見出された。これは、課題遂行（P）機能と集団（対人関係）維持（M）機能の双方の機能を果たすリーダーシップの下でグループの業績もメンバーの満足度も最も高いということであり、PM型が理想型といえるということである。

永田（1987, 2003）によれば、ここで一つ問題が生じてくる。課題遂行機能というのは、効率的な作業の遂行のことであり、それは、それぞれ異なる特性や特徴をもつメンバーを適材適所に配して、それをうまくまとめていくことである。このとき重要なのは、メンバー間の差違を明確にすることである。他方、集団（対人関係）維持機能というのは、グループ／チーム内の対人関係を円滑にすることであり、それは多くの対人魅力研究で明らかにされているように（バーンとネルソン、1965; チャルディーニ、2009/2014）、一つにはメンバー間の類似性を認識することである。つまり、リーダーシップ行動を取る際には、メンバーの**異質性**と**類似性**の双方に配慮することが求められており、この点が、リーダーシップのむずかしい点の一つであろう。

リーダーシップの観点からこの問題を解決する一つの考え方が、ハーシーとブランチャード（1982）の**状況的リーダーシップ理論**である。これは、PM理論にメンバーの成熟度（能力、経験、動機づけ、自信など）を加味したモデルであり、メンバーの成熟度に応じて、最適なリーダーシップ・スタイルが異なってくると捉える。リーダーシップの二機能の矛盾を時間で解決するものである。

すなわち、メンバーが作業にも慣れておらず、また、グループ／チーム内の対人関係が形成されていない第一段階（未熟）では、リーダーはPm型を採用し、作業の指導に専念した方がよいと考えられる。そして、作業にもだんだん慣れてきた第二段階（慣れ）では、PM型を採用し、作業も対人関係にも目を配るようにする。さらにメンバーの作業に対する技能ややる気が高まってくる第三段階（習熟）になったら、pM型を採用し、主にグループ／チーム内の対人関係に目を配るようにする。さらに、メンバーとして習熟した第四段階（熟達）になったら、pm型を採用し、メンバーに多くのことを委任するようにする。必ずしもこのように段階を追ってグループ

／チームが発達、熟達していくわけではないが、リーダーシップ・スタイル採用の一つの枠組みとして知っておくことは役に立つであろう。

（3）グループの変化や外部環境も加味したリーダーシップ機能

前節では、四〇年ほど前のリーダーシップ理論を紹介したが、それが単純でわかりやすく、また、その後のリーダーシップ理論の土台となっているため、まずは理解しておいた方がよいと考えられる。その上で、近年のリーダーシップ機能の捉え方についても見ておくことにしたい。リーダーシップの機能を再検討しているのがヤクル（2012）である（今井、2018b 参照。図3－1には、ヤクルの観点も含めている）。彼は、今までの二機能から次の四機能に拡大させている。

a．**課題遂行**——課題目標や遂行すべき作業の明確化、作業のスケジュール化（優先順位の設定、役割分担、資源の分配）、作業の進捗状況のモニター、発生した問題の解決（作業遂行上のエラーや安全でない行動への対処）

b．**対人関係**——メンバーの支援、作業スキルや動機づけを高めるような熟達支援、目標達成に貢献したメンバーへの感謝や承認、メンバーへの権限委譲（自律性、エンパワーメント）

c．**グループ／チームの変化の促進**——将来的目標の明示、革新の推奨（新しい視点の導入、

メンバーへの知的刺激や学習の促進）

d．**対外的活動**——上司や外部者との対人関係の形成、外的環境の変化情報の収集（問題点やチャンスの確認）、集団業績のアピール（上司や外部者にグループ／チームの活動、業績を呈示）

課題遂行機能は、従来のものとほぼ同じであるが、対人関係については、従来の集団維持機能よりも広く捉え、単にメンバーへの配慮だけでなく、メンバーへの感謝、承認（アクナレッジメント）やエンパワーメントも含まれている。**承認**とは、相手の存在を認める行動であり、相手の意見を聞くこと、相手からの問い合わせに早く回答すること、相手の成果を具体的に誉めること、相手が必要とする情報を提供することなどが含まれる。

ヤクル（2012）の分類で新たに設けられている一つが、グループ／チームの変化を推奨することであり、時間的要因を組み込んでいる。グループ／チームは、周りの環境に合わせて変化していくことが必要であるということである。さらに、グループ／チームの置かれている外部環境にも目を向け、対外的な対応も含めている。こうした意味では、従来のリーダーシップ機能よりもグループ／チームの置かれている環境を広く捉えている。

（4）カリスマ的、変革型、サーバント・リーダーシップ

近年では、カリスマ的リーダーシップ（コンガーとカナンゴ、1987; 淵上・迫田、2008参照）や変革型（transformational）リーダーシップ（バス、1985）が提唱されている。これらは、小グループやチームのリーダーシップというよりは、組織や社会を対象にしたリーダーシップといえる。つまり、多くのフォロワーに大きな影響を及ぼすことのできるリーダーシップ・スタイルである。具体例として挙げることができるのは、非暴力主義のインドのガンジー首相やアメリカにおいて黒人の公民権運動に影響を与えたキング牧師である。世界的にネガティブな影響を与えた例としては、ドイツのヒトラーを挙げることができる。ちなみに**カリスマ性**とは、社会学者のヴェーバー（1947/1967）が支配類型の一つとして挙げた概念であり、超人間的、超越的な力を与えられた個人の特別な特徴で、神から授けられた才能を意味している（マーティンとマークス（2019 /2022）を参照）。

カリスマ的リーダーシップの具体的な特徴を記述するのは難しい側面があるが、ハウス（1976）は次のような特徴を挙げている。すなわち、将来の理想化された鮮明な目標（ヴィジョン）を呈示し、メンバーに対して率先垂範をしながら、明確な役割モデリング（role modeling）を示す。また「メンバーの君たちならば、難しい目標を達成できる」というメンバーに対する厚い信頼感をもち、メンバーの動機づけを高める行動を取り、業績向上を期待する。その際、メンバーには、

自分自身の卓越した専門性を示しながら、臨機応変に、説得力ある形で働きかける。かなり濃いリーダーシップ行動を取るタイプである。カリスマ的なリーダー自身は、強い自信をもち、他者よりも能力や動機づけが高く、道徳的正義に対する確信も強く、他者に対して影響を及ぼしたいという強い欲求をもっているといえる。

このカリスマ的リーダーシップに、メンバーへの知的刺激、個別的配慮も加えたリーダーシップ・スタイルが**変革型リーダーシップ**である（バス、1985; エイヴォリオら、1999）。よりメンバーを重視する側面を加えている。知的刺激というのは、メンバーが過去の作業方法に疑問をもつように仕向け、創造的、革新的に作業を進めるよう刺激することである。個別的配慮というのは、メンバーの個別的な欲求に耳を傾け、コーチやアドバイザーのようにメンバーに接することである。

変革型リーダーシップは、チームの業績とどの程度関連しているのであろうか。ワンら（2011）が二五年間の一一三研究をメタ分析したところ、変革型リーダーシップがメンバー個人の業績とチーム業績に与える効果量がそれぞれ.25と.33であり、ある程度の影響が認められている。また、近年の総覧研究では、変革型リーダーシップ行動を取るほどメンバーの心理的健康状態がよくなり（アーノルド、2017）、また、心理的なエンパワーメントやリーダーへの同一視を通して、メンバーが創造的に作業すること（コーら、2019）も見出されている。

一九七〇年代に入ると、アメリカのＡＴ＆Ｔ（American Telephone & Telegraph Company）における四〇年ほどの体験に基づいて、グリーンリーフ（1977/2008）がサーバント・リーダーシップという概念を提唱した（池田、2017参照）。サーバントとは奉仕者ということであり、フォロワー第一主義であることを表現しており、リーダー自身の利益よりもフォロワーの健康や成長を優先しようとするリーダーシップ・スタイルである。フォロワーのエンパワーメントを推奨し、フォロワーの能力発達の支援を促す。グリーンリーフ自身は、サーバント・リーダーシップの特徴として、傾聴、共感、癒やし、気づき、説得など一〇個を挙げているが、必ずしも相互独立的なカテゴリーにはなっていないようである。エヴァら（2019）の定義によれば、**サーバント・リーダーシップ**とは、基本的に他者を重視することであり、フォロワーの個人的な欲求や興味に対して優先的に対応することを通じて、組織や広いコミュニティにおける他者に関心を向け、自分の関心を自分の外側に向けるよう再調整することである。フォロワーを重視するという意味では、変革型リーダーシップにも通じるところがあるが、変革型リーダーシップの場合は、（組織の）目標達成のためにフォロワーの欲求に注目するのに対し、サーバント・リーダーシップの場合は、フォロワーの全人的成長に関心があるといえる（エヴァら、2019）。

サーバント・リーダーシップに関する総覧研究を見ると、サーバント・リーダーシップ的な行動を取るほど、メンバーの心理的エンパワーメント（r=.65）や動機づけ（r=.27）、創造性（r=.37）、チーム内の奉仕的雰囲気（r=.65）が高くなることが見出され（125研究のメタ分析、ツァンら、2021）、サーバント・リーダーシップと情動知能（EI: emotional intelligence）との関連性も認められている（ρ =.57、ミアオら、2021）。**情動知能**は、自他の情動の認知、思考を促進するために情動を活用すること、他者の情動の理解、自分の情動の管理から構成される（メイヤーら、2003）。ちなみに**情動**とは、喜び、怒り、悲しみ、嬉しい、驚き、嫌悪などの感情の程度の強いものであり、一時的で、特有の顔面表情や心理的反応を伴うものである。

このように、近年は、フォロワーの欲求を満たし関心を高めることを通してフォロワーの満足感を高め、その結果としてグループ／チームの目標を達成できるようにもっていくという枠組みが重視、尊重されている。

（5）必ずしも「三人寄れば文殊の知恵」にはならない

グループ／チームにおけるコミュニケーションについては、次章で見ていくことにするが、本章の後半では、リーダーシップに関わる負の側面を示す集団的浅慮（集団思考、groupthink。蜂屋、1999参照）、そして、リーダーのもつパワー（影響力）について見ておくことにする。

集団的浅慮は「三人寄れば文殊の知恵」に対する反証的な現象である。グループ／チームを作ることによって、間違った判断を下してしまう場合があるということである。ジャニス（1972,

1982）が七つのアメリカ対外政策の意思決定過程（政策集団の議事録）を分析することを通して見出した現象である。例えば、米ソ冷戦時代にケネディ大統領がキューバ侵攻（一九六一年四月一七日）を承認したが、失敗に終わった事例である。アメリカに亡命してきたキューバ人一五〇〇人をキューバのピッグス湾に侵攻させたが、そのほとんどが捕虜として補捉された。キューバのカストロ軍の兵力や士気を読み誤ったようである。ジャニス（1982）では、ニクソン大統領のウォーターゲート事件（一九七二年、二期目の大統領選においてニクソン陣営の人間が対立政党の事務所に盗聴器を仕掛けた事件。映画『大統領の陰謀』参照）についても分析された。

集団的浅慮の症状としては、グループ／チームが過度に楽観的になり、自分たちに不利な情報も都合のよいように解釈し、反対意見を尊重せず、反対意見を言いにくい雰囲気をグループ／チーム内に作っていくことが挙げられている。そうした現象が生じてしまう原因をジャニスは次のようにまとめた。専制的なリーダーシップ、グループ／チーム内の高い凝集性（異質者の排除）、グループ／チームの周囲からの孤立（客観的判断の欠如）、問題解決の困難なストレスフルな状況（時間的制約、困難な問題解決）、**コミットメント**（段階的に下した判断に拘泥し、見直しが効かなくなってしまうこと。亀田・杉森、1993; 杉浦、2003; チャルディーニ、2009/2014 参照）である。**専制的リーダーシップ**というのは、課題遂行に関わるすべてのことをリーダーが決定し、メンバーの意思を尊重しないスタイルである。アメリカ大統領の政策決定集団の場合は、大統領自身が専制的であろうとしなくても、メンバーの方で忖度して行動し、結果的に専制的になってしまうところもあると考えられる。

ジャニスは、集団的浅慮を防止する方法についても提案している。

・リーダーは問題点をグループ／チームに呈示しても、それに対する自分の意見や好みを事前に述べないこと
・グループ／チーム内で出された反対意見を尊重すること
・下位グループ／チームを作って別々に議論させ、その結果を全体で検討すること
・外部から専門家を招いて、グループ／チームの中核的メンバーと議論させること、
・批判役（devil's advocate）を設け、議論に参加させること

などを挙げている。ただし、こうした方法を採用するには、時間的、労力的コストがかかることを心得ておかなければならない。

パーク（1990）やエッサー（1998）の総覧研究によれば、集団的浅慮について事例研究や実験的研究が行われているが、必ずしもデータ的に完全に裏づけられているわけではない。例えば、リーダーの専制性、グループ／チームの凝集性について支持する結果を得ていない研究もある。しかし、この現象が完全に否定されているわけでもなく、今後さらにデータを集めていく必要があるだろう。

（6）リーダーのもつ六つのパワー（影響力）

リーダーは、グループ／チームにおいて、他のメンバーに種々の影響を与える立場にいる。リーダーがグループ／チームのメンバーに影響を及ぼすことができるとすれば、それはどのような理由によるのであろうか。リーダーにはどのような力（power）が備わっているといえるのであろうか。ここで、「影響を及ぼす／与える」ということは、リーダー（与え手）が望むように、コミュニケーションを通してフォロワー（受け手）に働きかけ、フォロワーの考えや行動を変えることである。例えば、次のような働きかけが考えられる。

・部下のA君にある事に関する情報を二日後までにまとめるよう指示する。
・新入社員のB君に書類作成の指導をするようC君に依頼する。
・今度の会議に出される議案で、D案よりもE案の方がよいとFさんを事前に説得する。
・これ以上遅刻すると契約を打ち切ることになるとG君に警告を与える。
・法律の専門家としてH案よりもI案を採用するよう勧める。

仮にこれらの事例において、受け手が与え手の望むように行動した（うまく影響を与えることができた）としたら、それはなぜなのであろうか。受け手はなぜ与え手から言われた通りに行動したと考えられるであろうか。ふだんの両者の対人関係、リーダーの顔の表情、話し方などいくつもの要因が影響を与えていることが考えられるが、ここでは、フォロワーがリーダーに対してどのようなパワーを認知しているかという観点からその理由を考えていくことにする。というのも、フォロワーのリーダーに対する認知がフォロワーの判断に影響を及ぼしていると考えられるためである。

与え手が受け手に対してもつ**パワー**（**影響力、power**）には六種類あると指摘されている（フレンチとレイヴン、1959; レイヴン、1965。Powerを「勢力」と訳す場合もある。例えば、政党勢力という使い方があるが、この場合は、政党の人数という意味で用いられている。本書では「影響を及ぼすことのできる力」としてパワー（影響力）と表現することにする）。すなわち、報酬パワー、罰（強制）パワー、専門パワー、情報パワー、正当パワー、参照パワーである。図３－３では、理解しやすくなるように、これらをさらに三つのカテゴリーに分けている。資源、知識、人間関係である（今井、2010, 2020）。

資源（resources）には、報酬パワー、罰パワーが含まれる。資源というのは少々わかりにくい表現かもしれないが、報酬や罰という資源を与え手がもっているという意味である。そして、受け手が欲する報酬（受け手にランチをおごる、受け手が希望する海外派遣の支援、昇進の約束など）、受け手が嫌がる罰（叱責、降格、転勤、雇い止めなど）をコントロールできる（与えることもできれば、取り去ることもできる）ことに基づいて受け手に影響を与えられる場合、それぞれ**報酬パワー**、**罰パワー**を保持しているということができる（第四章も参照）。ここで重要なことは、受け手にと

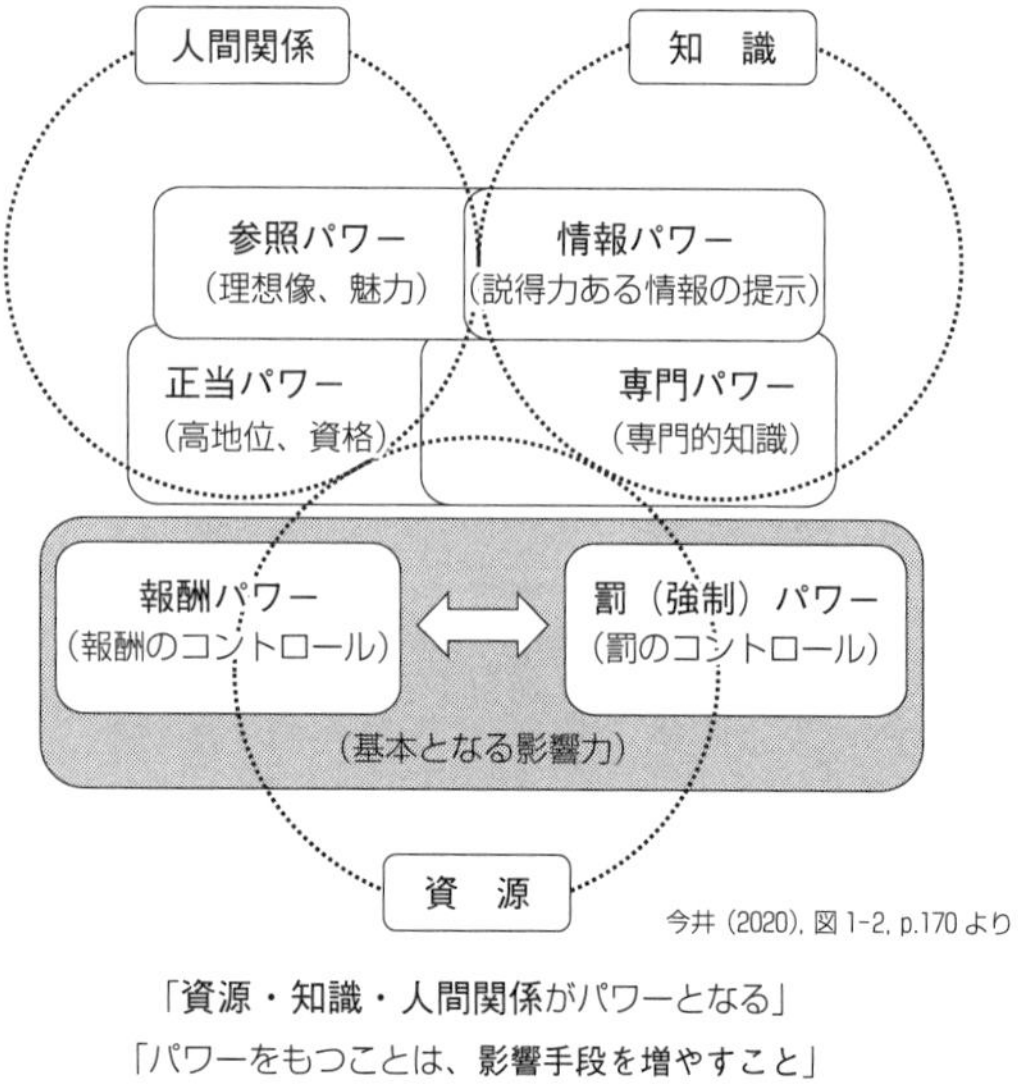

図3-3　パワー（影響力）の種類と相互関係

っての報酬や罰と引き換えに、与え手の望む行動を受け手に取ってもらうということである。例えば、「ランチをおごるからこの資料をまとめておいてほしい」、「このプロジェクトが失敗したら配置転換になるかもしれない」というようなことである。これは、「報酬を獲得し、罰を回避しようとする」われわれの基本的な行動傾向に基づく働きかけ方である。その意味では、このあと紹介する四つのパワーの場合も、その根底には、報酬の獲得と罰の回避が関連しているといえる。

次の**知識**は、情報のもつ価値に基づいたパワーである。**専門パワー**の場合は、与え手がある特定の領域（例えば、家電製品、法律、医療、介護、音楽、スポーツなど）において専門家であると受け手が認識しており、その専門家の言うとおりに判断しておいた方が、受け手にとって都合のよい結果（報酬）を得ることができるということに基づいている。与え手がいったん、受け手から専門家であると認識されれば、（その専門領域には限定されるが）専門家として受け手に影響を及ぼせる可能性が高くなる。それに対して、**情報パワー**の場合は、与え手が必ずしも専門家である必要はなく、受け手が納得できるような情報（論拠、理由）を呈示して、受け手に影響を及ぼすことができる場合である。説得場面に関連するパワーと言える。

三つ目の**人間関係**は、受け手から見た与え手の社会的な立場に関連するパワーである。**正当パワー**の場合は、与え手が受け手に対して影響を与えることが正当であると思える社会的な地位にいることに基づいている。通常は、組織において部下は上司からの指示に従うことが期待されており、部下がそのような状況を受け入れていれば、上司は部下に対して正当パワーをもつことになる。逆に、部下が上司の正当性を認識していなければ（例えば、「部下が困っていても助けてくれない。何て頼りにならない上司なんだ」）、その上司は部下よりも組織内の地位は高いかもしれないが、正当パワーは小さいことになる。

もう一つの**参照パワー**の場合は、受け手が与え手を自分の理想像として捉え、「与え手のような人間になりたい」と思うことに基づいている。そうなると、何らかの判断を下す際にも「与え手ならどうするだろうか」と与え手の考え方を参照して、その影響を受ける形で判断を下すことになる。受け手にとって理想像となるような存在は、受け手にとってポジティブな存在であるため、与え手の魅力に基づいたパワーであるとも解釈できる。

グループ／チームにおいてリーダーがこれらのパワーを保持しているとフォロワーから認識されると、リーダーとしては、フォロワーに影響を及ぼすことのできる手段（影響手段）の種類が増えることになる（リーダーと影響手段との関連性については淵上（2008）、影響手段については、チャルディーニ（2009/2014）; 今井（2006）を参照）。また、リーダー的立場にある個人のもつパワーは、産業組織場面だけではなく、教育場面においても認められる。教師のパワーと生徒との対人関係（淵上、2000）、教員間の協働とパワー（鎌田、2014）などについても検討されており、さらに、教師のもつパワーに対する小中高生の認知、小学生の他児童に対するパワーの認知については、田崎（1979, 1981, 1982）の研究がある。

これらのパワーに関連して、リーダー（与え手）の立場からどのようなことに注意すべきであろうか。一つは、これら六種類（三カテゴリー）の基盤がパワーを形作っているということを知ることである。そして、そのパワーは、受け手の認識が基本であり、受け手がパワーの存在を認識しなければ、与え手はパワーを持ち得ないということである。その上で、受け手にとって報酬（金銭、貴重な物品、家族や友人への支援、受け手を誉めたり支援したりすることなど）となるものは何か、罰（すでに所有しているものの剝奪、受け手本人やその家族や友人への攻撃など）となるものは何かを把握し、受け手の心理的リアクタンス（反発）が高まらないように、それらをうまく活用していくことである。その際、呈示する報酬や罰の種類や量を決めなければならないが、それは結構むずかしく、どうすれば最適なのかについて具体的に記述することはできない。また、正当パワーや専門パワー、参照パワーなどを大きくするためには、日頃からの受け手との相互作用において、上司としての信頼を徐々に積み重ねたり（例えば、率先垂範、公平性、フォロワーへの配慮）、専門家としての専門性を認識してもらうように適切なアドバイスをしたり、受け手が理想像とするような判断の仕方や行動を取るというようにするしかなく、具体的な方策を挙げることはこれまたむずかしい。そこで、最終章となる第四章では、グループ／チーム内におけるコミュニケーションという観点から、望まれる行動パターンについて見ていくことにする。

第四章　チーム内のコミュニケーション・スキルを向上させるには

（1）人間の心理的特性を知っておく

本章では、人間の特性をおさえた上で、グループ／チーム内における望ましい行動パターン、コミュニケーション・スキルについて見ていくことにする。グループ／チーム内で円滑なコミュニケーションを取るためには、人間の基本的な特性を理解しておく必要があろう。研究者によって重視する点が異なるであろうが、ここでは、三点を挙げておきたい。すなわち、ものごとを理解しようとすること／意味のわからないことを不快に思うこと、報酬を獲得し罰を回避しようとすること、そして、コントロール感をもちたいと思うことである。

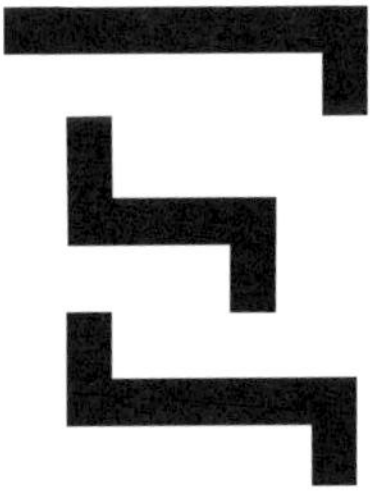

図4-1　この図は何に見えますか？

順番に見ていこう。図4－1を見てほしい。何に見えるであろうか。一見、われわれが今までに頭に蓄えてきた情報と照合して合致するものが見つからず、「わからない。これは何なんだ」という反応が生じるかもしれない。呈示された図形が自分のもっている情報と合わない場合、何とか理解したいと動機づけられ、わからないままだと心理的にモヤモヤした不快感を味わう。

図4－1の場合は、脳パズルのようになっていて、少々、見方を変えるとわれわれがよく知っている図形、または、文字に見えるようになっている。そして、いったん、それが文字に見えると、今度はよく知っている文字としてしか見えなくなってしまい、このことから、脳がすでに知っているものを優先してわれわれの周囲にあるものを理解しようとしていることがわかる。

さて、この図形をどのように解釈したらよいのであろうか。まず、われわれには分析的にこの図形を見る傾向がある。この図形は、横に倒れたように見える図形が上下に三つ並んでいると解釈できる。このとき、全体の刺激の中で、領域が狭くて、目立つ黒色の部分に目が行く。この本に書かれている文字を認識できるのも同じ原理である。白いページの上に黒色の文字が載っているように認識し、その文字をすでに知っているため、日本語として読むことができる。しかも、知っている文字を見ると、自然に（無意識のうちに）読んでしまうのである。知らない文字を見たときとは異なる反応である。

三つの黒い部分を認識すると、次にそれらがそれぞれ自分の知っているものとして理解できるかどうかを判断する。いちばん上の図形に似ているのは、アルファベットのL（大文字）の鏡映像である。でもここで鏡映像が出てくるのは変であるし、また、Lにしては、右側の部分が短すぎる。横になっている意味もわからない。中央と下の図形は、何かS字にも似ているが、S特有のカーブ（円弧）がない。ここでわれわれは、再度困ることになる。

それでは、解読するためのヒントを提供しよう。三つの図形をそれぞれ個別に見ようとするのではなく、三つの図形全体から何か知っているものはないかを考えてみてほしい。三つの図形を一つにまとめて理解しようとし、さらに立体的に捉えてみてほしい。

だいぶ引っ張ってしまったが、種明かしをしよう。われわれが知っている情報のうち、この図形を理解するのに一番近いのは、アルファベットの大文字のEである。今度は「な〜んだ、Eか」という落胆の声が聞こえそうである。この図形をEとして解釈する場合、われわれの脳は、この図形（文字）を厚みのある三次元の（立体的な）図形として理解している。その際、黒い図形の部分をEの文字の輪郭および厚み（もしくは影）として捉えている。正確には、その厚み部分の端は、斜めになっていなければならないのであるが、斜めになっていなくてもEであると理解している。三次元にしてまで、また、多少のエラー（端の部分の誤り）には目をつぶって、自分の知っている情報と照合させて理解しようとしていると言える。

さらに、気づくことは、Eとして解釈できるけれども、その輪郭はちょうど半分しか描かれていないことである。「輪郭が半分しかなくても文字として認識できるんだ」と、今度は驚嘆の声が聞こえそうである。心理学では、こうした現象を**主観的輪郭線**と呼んでいる。客観的（物理的）には存在していない輪郭をあたかも存在しているかのように、自分の目に（主観的に）見えるためである。後藤・田中（2005）には、知覚心理学者が考案したいろいろな主観的輪郭線の図形が紹介されている。

いったん、Eであることがわかると、先ほどのモヤモヤ感が消失したのではないだろうか。そして、理解できた（わかった）ことの安堵感を体感できたのではないであろうか。さらに、当初、何であるかわからなかった状態をもはや再体験しにくくなっていることと思う。

このように、われわれにとって意味のわからない、自分のもっている情報と照合できない刺激は心理的に不快であり、何とか理解しようとしているということである。したがって、言うまでもないことではあるが、人とコミュニケーションを取る際には、受け手にモヤモヤ感をもたらすような情報の呈示の仕方は好ましくないということである。

受け手にわかりやすい、理解しやすいことを念頭に与え手の情報を伝えていく必要がある。例えば、

・受け手が理解しやすいように聞き取りやすく発話する。
・受け手の理解しやすい（もしくは、与え手と受け手の間で充分共有されている）言葉、概念を用いる。
・新しい概念にはわかりやすい説明をつける（できれば、相手が知っている類似した概念と関連づけて説明する）。

・発話と共にわかりやすい視覚情報も呈示する（図示する）。
・図形や文字を見やすく表示する（例えば、視認性の高い文字のフォントや色、大きさを用いる。適切な余白を作り見やすくする。相手の視力に合わせた対応をする）。
・PowerPointやウェブページのようにアニメーション（動き）をつけることができる場合は、動きを活用することにより、受け手の注意を与え手の望む文字や図形に引きつける。
・受け手に発話や図を繰り返し呈示する（できれば、同じものの単なる繰り返しではなく、言い換えをしたり、別の視点からの図を呈示したりしてみる）。

などである（例えば、PowerPointのスライドを作成する際には、宮野（2009）が参考になり、ウェブページを作成するにはナハイ（2017）が参考になる）。

第二の基本的特性は、前章でも紹介した「報酬の獲得、罰の回避」である。われわれが（誰かから強制されたり指示されたりしたのではなく）自発的に行った行動の直後に報酬が与えられると、その行動を繰り返すようになる。罰を与えられるとその行動が抑制されるようになる。このことを明らかにしたのがスキナー（1938）であり、「オペラント条件づけ」としてまとめられている。（詳しくは、メイザー（2006/2008）を参照）オペラントとは自発的という意味である。何が報酬となり罰となるかは個人によって差がある。経済社会に住む中で金銭に執着している人もいれば、そうでない人もいる。希少な（ポケモンや遊戯王などの）トレーディング・カードを何とか手に入れようと血眼《まなこ》になっている人もいれば、そもそもトレーディング・カードとは何かを知らない人までいる。受け手に働きかける際には、受け手にとっての報酬、罰に関する情報を得て、それを活用するということになる。通常は、金銭、友人、家族、趣味に関するもの（例えば、スポーツ、音楽、ダンス、料理、推し）などを挙げることができる。

前章で見てきた報酬パワー、罰パワーを活用する場合には、報酬の約束、罰の警告という形で受け手に影響を与えることになる。それが有無をいわさず受け手の考えや行動を変化させること になるような場合、受け手の心理的な反発を受けやすいという副作用が考えられ、必ずしも報酬や罰のコントロールが万能の方法でないこともわかる。ちょっとした依頼ごとのために、ランチを奢《おご》るという報酬を約束する場合は、そうした副作用は生じにくいであろう。しかし、受け手がとても大事にしていること（例えば、就職、住居、結婚など受け手の人生に大きく関わってくるようなこと）を逆手にとって、受け手に影響を与える場合は慎重にすべきである。

三つ目の基本的特性として挙げることができるのが**コントロール感**である。それは、われわれが望むような結果を得ようとして、自分の考えに基づいて行動すれば、その結果を手に入れられるという感覚である。その際、（法律の範囲内で）われわれが自由に考え、行動できることが前提となっている。例えば、ある大学に入学したいために、塾に通い、必要な受験情報を手に入れなながら受験勉強し、めでたく入学できれば、その体験を通してコントロール感を得ることができる。それほど長期にわたることでなくても、ルービック・キューブやヨーヨー、剣玉がうまくなるように練習し、その技能を身につけるという体験を通して、コントロール感を得ることができる。ビデオ・ゲームをはじめとするゲームを面白いと思い、ついつい引き込まれてしまう背景にも通じるものがある。ステージをクリアできた、ゴールに到達したという達成感と共に、いろいろ自分なりに工夫してプレーし、望む結果を得られたというコントロール感があると考えられる。逆に、いくら努力しても、事態が好転しないと嫌気がさし、それが重症になるとうつ的症状にもなってしまう。また、人から指示、命令されたこと、強く説得されたことに対しては、反発を感じ、わざと逆のことを行ったり、言われたことを無視したりする場合もある。

これらの特性を考えると、受け手が理解しやすい納得しやすい形で情報を呈示し、受け手にとって何らかの報酬になるような状況作りをし、また、受け手のコントロール感を維持するように働きかけることが重要であると理解できる。具体的にどのようなことが考えられるであろうか。個人のコントロール感を保証し、報酬をもたらしうる一つの側面がエドモンドソン（1999, 2014）の提唱している心理的安全性である。

（2）心理的安全性――心配いらずのコミュニケーションが鍵

本節では、グループ／チームにおける雰囲気、討議（会議）について考えてみたい。雰囲気（atmosphere）というのは少々心許《もと》ない表現であるが、グループ／チーム内のメンバーに共有されているグループ／チーム内で暗に認識されていることであり、メンバーの考えや行動に影響を与えるようなものである。例えば、基本的なものの理解の仕方（例えば、自分たちの利益を重視、あるいは、消費者重視）、メンバー相互の支援の仕方（相互支援的、あるいは、困っている人がいても放置する）、情報の伝達方法（ふだんから連絡を密に行う、あるいは、問題が生じたときのみ連絡する）のようなことである。ふだんはその存在にあまり気づかないが、全体に影響を及ぼしているグループ／チームの枠組みのようなものである。

グループ／チームの活動の中で、リーダーや上司、同僚、部下など、他のメンバーの目が気になると、なかなか思うように意見を言ったり、行動したりすることができなくなってしまう。そうした**評価懸念**（他者からの評価を懸念（心配）すること）は、自分の気持ちや考えを積極的に表明しようとしている欧米人では関係ないだろうと思いがちであるが、そうでもないらしい。シェイン（1993）、エドモンドソン（1999）はチーム（work team、**作業集団**）の**心理的安全性**（psychological safety）という概念を提唱している。これは、「自分たちのチームは、チーム内の対人的なリスク（interpersonal risk-taking）について安全である」という認識がチーム内で共有されていることである。心理的安全性は、暗黙のうちに（tacit）チーム内、メンバー間に共有されているものであり、前述の雰囲気に近い概念である。**対人的リスク**とは、他者との関わりの中で生じてくる、自分にとって望ましくない結果のことである。例えば、仕事上のミスをして他メンバーから能力が高くないと評価されたり、会議中に発言した意見を否定されたり、困っているときに他のメンバーから支援を求めにくかったり、チームに貢献してもほとんど評価されなかったり、他メンバーと違っていることを咎《とが》められたりすることなどである。

心理的安全性が高くなると（対人的リスクが低くなると）、チーム内での発言や行動を取る際に、無用な懸念がなくなり、チーム内の学習（作業中のエラーを検出して修正し、将来への対応を学ぶこと）が促進される（エドモンドソン、1999）。こうした意味では、心理的安全性とは、**チーム内［無］評価懸念**と言い換えることができる（評価懸念がないことを示すために、「無」の前後に［］をつけた。図4－2）。チームの中で、他メンバーからいろいろと評価されてしまうことを懸念しないでいられるということである。心理的安全性の高いチームは、情報の共有、アイディアの創出、新しいことへの挑戦などに長《た》けており、チーム業績も高まることが指摘されている（エドモンドソン、2014）。

心理的安全性に影響を与える要因として、エドモンドソンは、チームのリーダーシップ、チームの特徴、そして、チームの置かれている組織の状況を挙げている。直接的には、チームのリー

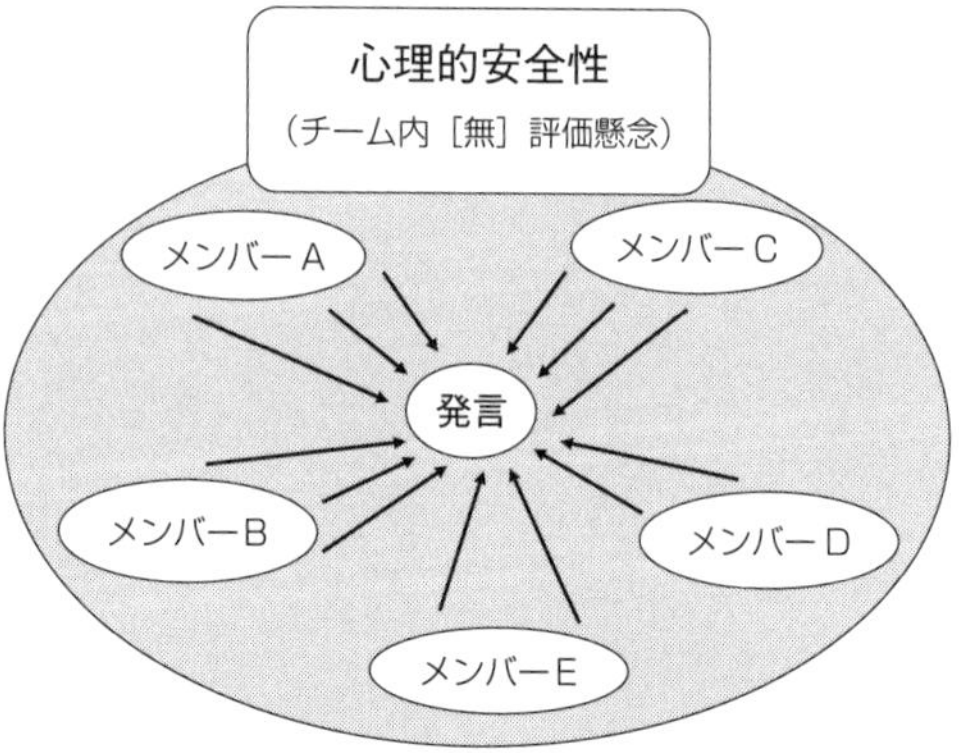

チーム内で他者から評価されることを懸念するような雰囲気が醸成されないようにする。自由に発言することが許容、推奨され、失敗してもそれを将来的に活かす方向で対処されるようにしていく。気軽にちょっとしたアイディアでも発言できるような雰囲気にしていくと、それがチームによい結果をもたらす可能性が高まる。

図 4-2　心理的安全性

ダーシップによる影響が大きいであろう。チーム内に競争的な雰囲気があると、心理的安全性は低くなり、こうしたポジティブな成果は期待しにくくなると考えられるため、チームのリーダーは、競争的な雰囲気にせずに、各メンバーの心理的安全性が確保されるような雰囲気作りが必要となってくる。その一つのリーダーシップ行動がメンバーに配慮した、前述のサーバント・リーダーシップ的な行動であるとも言える。

（3）傾聴とI《アイ》メッセージ

その具体的な行動として、傾聴（active listening）とI《アイ》メッセージを挙げることができる。これは、クライアント中心療法を提唱しているカール・ロジャーズ（1951/2005）の弟子に当たるトマス・ゴードン（1970/1998, 1974/1985, 1980/1985）が心理カウンセラーの手法を日常生活に応用したものである。カウンセラーがクライアント（患者）に対して接する方法を親子関係や教師―児童関係、あるいは、リーダー―フォロワー関係にも応用できると考えたのである。そのうちの二つが傾聴とIメッセージである。

傾聴とは、能動的な聞き方であり、話し手が言おうとしていることを聞き手がわがことのように理解し、相手の考えや気持ち、さらには、話し手の表現の裏にある気持ちを受け取るような受け答えである。例えば、女性二人の次のような会話を見てほしい。

話し手（相手）：「ねぇ、相談にのってくれる？　彼氏と結構気まずい状況になっちゃって、今までのこともあるし。でも、どうしたらいいかわからない」
聞き手（自分）：「そうなんだ、彼氏と別れようかどうか迷っているのね」
話し手：「そうなの」

このように、話し手が「そうなの」「そうなんだ」とつい答えてしまうように、話し手の気持ちを言語化することが傾聴のコツである。単なるオウム返しでもよいが、話し手が思っていることをズバリ言語化すると、話し手は「この人は、自分のことをしっかり理解してくれている」、「自分の気持ちをわかってもらえた」と心理的に安堵、安心しやすくなる。そうなると、今まで悩んでいたことを「何とか自分で解決しよう」と心理的な自然治癒力が高まってくると考えられる。もちろん話し手がこのように心理的に安堵する状態になるまでに、一回の受け答えでうまくいくとは限らない。そのため、そのような状態になるまで、忍耐強く、話し手の言いたいこと、気持ちを温かく繰り返し聞き、その背後にある気持ちを言語化するのである。また、自分の理解が正しいかどうかを相手に質問し確認することも傾聴に含まれる。

このとき、聞き手として話し手に言ってはならないこととしてゴードンが挙げているのが、以下のようなものである。話し手に指示したり（「そんな彼ならさっさと別れちゃいなよ」）、注意したり（「別れないと、○○のためにならないと思うよ」）、批判したり（「○○は、いつもそうやって恋愛に臆病なんだから」）、誉めたり（「いや、でも○○は今までよくやって来たよ。私にはそこまでできないな」）、同情したり（「そんなことするなんてひどい彼だね。同情するわ」）、質問したり（「いつからそういう状態なの？」）、相手の関心をそらせたり（「そういう難しい話は後にして、これからおいしいパンケーキを食べに行かない？」）することである。こう聞くと、「人から相談されても、何も言えないではないか」という反応が出てきそうである。しかし、傾聴の場合、基本的には、聞き手は自分の考えや感想を言う必要はない。とにかく、話し手の言いたいことを全身で聞き、理解、共感するということである。

では、自分の方で何か言いたいことがある場合はどうすればよいのであろうか。そこで、**Iメッセージ**の出番である。Iメッセージとは、相手の取った行動によって、自分や周囲の人たちが何らかの影響を被《こうむ》り、そのことを自分がどう思っているか、どのような情動状態になったかを相手に伝えることである。そのとき、相手の行動を批判したり、相手を問い詰めたりするようなことはしない。例えば、次のような例を見てほしい。

例1：工場で手順通りに作業しない部下に対してどのように注意するか？

「手順通りに作業すべきことはわかっていますよね。なぜそうしなかったんでしょうか？

今後は、決められた通りに作業してください」

この場合は、「あなたが」手順通りに行動するようにしてほしい、というように、主語が「あなた」であり、Ｙｏｕメッセージになっている。Ｙｏｕメッセージを言われると、相手側には（たとえ、自分が悪いと思っていても）心理的リアクタンスが生じやすく、抵抗感が生じ、人によっては、自尊心が低下したり、自己防衛しようとしたりする。あるいは、こちらに対して恨みをもつかもしれない。では、この事例の場合、どのように返すことがIメッセージになるのであろうか。

「〇〇さんが手順通りに作業してくれないと、規格外の製品ができる可能性が大きくなってしまい、お客さんに迷惑をかけてしまうのではないかと（私は）心配なんです。」

「私」を主語にして、自分の気持ちを相手に伝えるのである。相手がその後どうするかは、相手に考えさせることになる。したがって、この方法は、かなり相手にコントロール感をもたせており、相手がまともで分別のある人間でないと通用しないやり方ではある。また、相手にもこちらにも時間的、心理的な余裕がないと取ることのできない方法でもある。Ｉメッセージを使うには、次の三要素を含めて相手に伝える必要がある。

a．相手のどの**行動**が問題を引き起こしているのかを明確に具体的に述べる。

b．その行動が引き起こした（自分や周囲に対する）**影響**を具体的に述べる。

c．そのことによって生じた**自分（Ｉ）の気持ち**（傷ついた、裏切られた）、情動（心配している、困った、驚いた、怒った、悲しい、寂しいなど）を述べる。

上記には、ネガティブな情動の例しか挙げていないが、相手が自分や周囲にとって望ましい行動を取った際には、**ポジティブなＩメッセージ**（嬉しい、楽しい、感動した、安心した、感謝しているなど）を伝えることもできる。

（4）グループ／チーム内で求められるコミュニケーション・スキル

傾聴、Ｉメッセージ以外に挙げられるのは、クレイガンら（2008）が指摘している、問題解決グループにおける二〇のコミュニケーション・スキルである。**コミュニケーション**とは、少なくとも二人以上の個人間において、多くの場合、意図的に言語的、非言語的なメッセージを相互交換するプロセスである。その目的としては、自分の考えや情動を表明すること、他者から情報を得ること、他者と影響を及ぼし合うこと、対人関係を形成・維持すること、他者と問題やコンフリクトを解決することなどがある。コミュニケーション・スキルとは、そうしたコミュニケーションを行う際に必要となる技能である。クレイガンらのリストの中には、すでに述べてきたものもあるが、さらに知っておくべきものも含まれている。

問題解決とは、文字通り、何かしらの問題が生じて、その解決方法を考案することである。例えば、「新しい会計システムの導入をどのくらいの期間をかけて、どのように従業員に周知していけば、円滑にできるか」、「異業種他社との統合の話が提案されているが、それに乗るかそれとも断るか」などである。そのためには、グループ／チーム内で討議（discussion）する必要があるため、討議グループと言い換えることもできる。討議グループにおいて必要なスキルが四カテゴリーにまとめられている。すなわち、討議（問題解決）スキル、役割分担スキル、対人関係形成スキル、チーム形成スキルである。紙幅の関係で第二の役割分担、また、すでに見てきたチーム形成にかかわるスキルは割愛する。

討議スキルとしては、五つのスキルが挙げられている。まず、(1)グループ/チームを方向づけるために、求められていることは何か、グループ/チームの**目標**を確認し共有すること、メンバーの個人目標と集団目標とが合致するように努力することである。そのためには、(2)他のメンバーにたくさん**質問**することである。討議の場に出されたアイディアを評価する際には、(理解するために)多くの質問をする。発言者の意図を自分が正しく理解しているかどうかを確認し、不明確な点、疑問点を相手に尋ねて明らかにすることが必要である。

次に、(3)出されたアイディアはとことん戦わせる。よりよい意思決定(判断)や質の高い解決のために多くのアイディアを出し、**アイディア同士を戦わせる**。そのためには、日頃からグループ/チームの凝集性を高くして、メンバーがアイディア間のコンフリクト(対立)に耐えられるようにしておくことが必要である。そして、これが重要なことであるが、(4)メンバー、アイディア、批判は**互いに別物**であると心得ることである。グループ/チーム内に出されたアイディアは、特定の人のアイディアではなく、「**メンバーみんなのアイディア**」であるとメンバー全員が確認する。あるアイディアが批判されたとしても、そのアイディアを出した個人が批判されたのではなく、発言者の手から離れたアイディアが批判されたと認識することである(図4-3)。このことが討議場面における心理的安全性を高めることになり、発言が促されるようになる。発

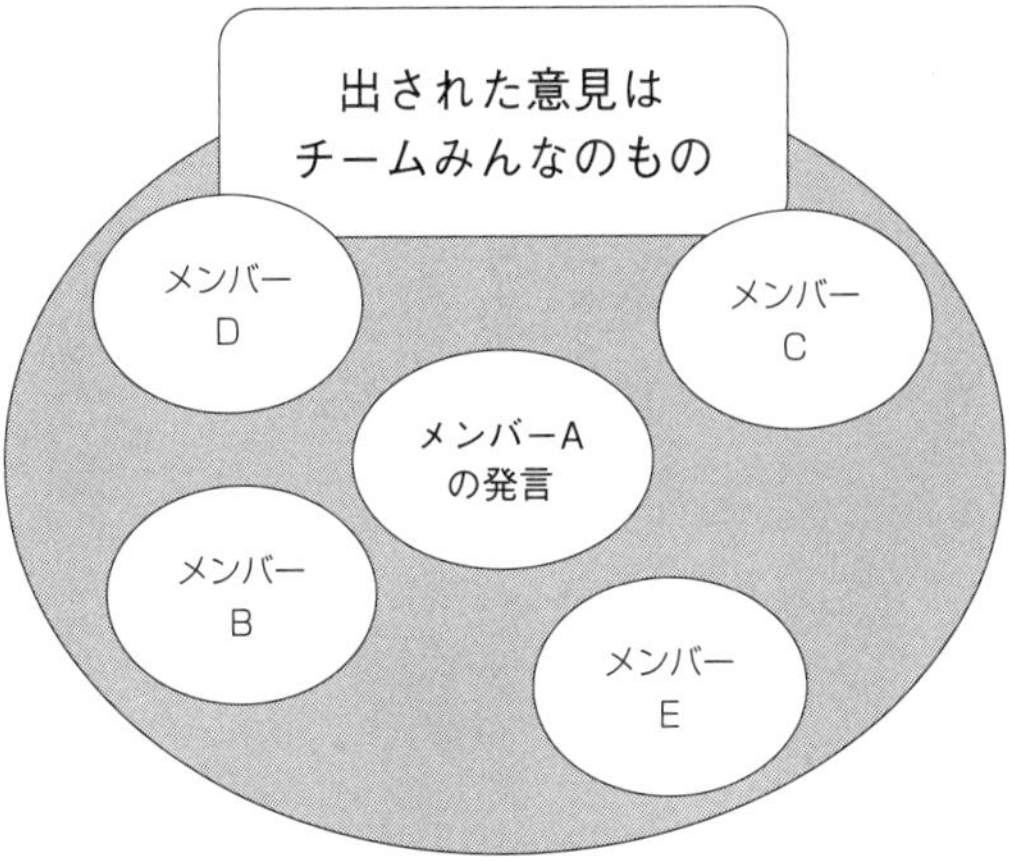

チームの討議で出された各メンバーの発言は、その発言をしたメンバーの所有物ではなく、チーム全体の所有物と理解する。検討の結果、メンバー A の発言内容が採用されたとしても、それはメンバーAの手柄ではなく、チーム全体の手柄である。チーム全体がそのように理解することによって発言しやすい雰囲気にしていく。

図 4-3　チーム内のあるメンバーの発言はチーム全体のもの

言者は、反対意見を自分への敵意と勘違いしないことである。メンバーは互いに異なる体験、価値観、思考スタイルをもっているのであり、いろいろな考えが存在しうる。自分の意見に対する反対意見を自分に対する個人的な攻撃と受け取らないことが肝要である。また、討議の初期であれば、多少、突飛な意見を出すことも可能であり、それが最終的に有効な結論につながることもある。

　そして、最終判断を下すために、（5）各アイディアの長所、短所を充分検討する。時間をかけて議論することを面倒に思い、既存のアイディアが最高であるとすぐに判断しないこと、各アイディアの長所、短所を可能な限り挙げ、どのアイディアが最も適切かを検討することである。その際、自分の偏った考え方や偏りをもたらす原因に留意しておくことも必要である。自分の考え方の癖（例えば、ものごとを俯瞰したがる、細かい点が気になる）に注意したり、ステレオタイプ的な（単純化された）判断に注意したりする。また、信頼できる証拠（データ）なしに判断を下したり一般化したりしないようにする。

次に、**対人関係形成スキル**の第一は、（1）自ら進んで**自己開示**することである。自己開示とは、自分に関する情報を言語的に他者に伝えることである。特にメンバーが「自分たちは互いに違うんだ」と感じているときは、自己開示をするよう努力する。そして、メンバー間に何らかの類似性が認知されると、良好な対人関係が形成されやすくなる。これは、出身大学、出身都道府県、趣味など、どのような類似点でも効果をもつことになる。誰かから自己開示されたら、自分も自己開示する。グレイら（2015）は、笑った後は自己開示しやすくなることを実験的に見出しており、笑いと自己開示は対人関係形成を促す要因であると言えよう。

次に、（2）ステレオタイプ的な他者判断はやめることである。それは、他者のもつ属性（性別、容姿、血液型など）に基づいて、性格や行動パターンなどについて単純化された判断をすることである。各個人の独自性を考慮しない判断は、ステレオタイプ的である。そして、（3）**共感的な聞き手**になる。これは、前述の傾聴にも近いことであるが、共感（empathy）とは、他者の立場に立って他者の情動、欲求、考え、行動を想像し理解することである（梅田ら（2014）を参照）。さらに、（4）**メンバー間の異なる視点**を重視し、個人差に慣れることである。自分にとって重要なものが、他メンバーには重要でない場合がある。相手の価値観を受け入れられなくても、それを理解しようと努力し、自分の世界を広げる努力をする。最後に、（5）各メンバーに**社会的、情動的な支援**を提供することである。コミュニケーションには論理性と情動性が関わっているが、情動的な部分は必ずしも表面に現れてこない。グループ／チームの中で誰が疎外されているか、服従させられているか、嫌われているかに注意を払い、そうした人たちがグループ／チームに溶け込めるように配慮することである。

（5）非言語的コミュニケーションから読み取れる情報

ここまでは、コミュニケーションのうち、言語的コミュニケーションについて見てきたが、われわれは、前述のように非言語的コミュニケーションも活用している。最後に、その非言語的コミュニケーションについて触れておきたい。

非言語的コミュニケーションには、身振り手振り、姿勢（身体の向き、背筋の伸ばし方など）、顔の表情、視線、相手との距離の取り方、相手への接触、発声の仕方（声の大きさ、高さ、意味のない言葉の発声など）などが含まれる（ナップら、2021）。図４－４には、持ち物も含めて、ある

相手の示す非言語的コミュニケーション (NVC)	相手の非言語的コミュニケーションから読み取れる情報
身につけるもの・持ち物 ・髪（髪型、カラーリング、髪飾り） ・服・靴（フォーマル度、色、金額、ブランド、清潔度） ・化粧（ナチュラル度、種類）、髭 ・アクセサリ、香水、タトゥ、メガネ、帽子、マフラ、手袋など ・持ち物（バッグ、携帯電話、財布、本、ペンなど）	・社会経済的地位 ・自分と相手との類似度 ・趣味 ・流行への関心度 ・社会的状況への関心度（セルフ・モニタリング）
対人距離とタッチ（接触） ・相手との物理的距離、位置関係 ・タッチの有無、タッチの仕方（持続時間、強さ、箇所）	・相手の自分に対する関心度（心理的距離）
身体表現 ・顔面表情（笑い、嬉しい、幸福、困惑、悲しい、涙、嫌悪、驚き、怒り、恐怖、落胆、不安、疲労、無表情など） ・まばたき（頻度）、瞳孔の大きさ ・視線（動きの大きさ・速さ・頻度、凝視対象、アイコンタクトの頻度・持続時間、目配せ） ・口の動き（大きさ） ・身体の向き（相手に向いているか） ・身体の姿勢（前傾・後傾、ひねり） ・手や腕の動き、指差し、腕を組む、セルフタッチ、物を持つ ・脚の動き、足を組む、貧乏揺すり	・情動（感情）状態 ・疲労度 ・自分や会話に対する関心度・好意度 ・不安度、緊張度 ・嘘の有無 ・身体動作的な癖
発話関連情報 ・話す速度、流暢さ ・声の大きさ ・声の調子（明るさ、震え、かすれなど） ・方言の使用量 ・意味のない言葉（あの～、まあ、え～となど）	・情動状態 ・疲労度 ・自分や会話に対する関心度・好意度 ・不安度、緊張度 ・自信 ・発話の経験度（練習度） ・話の内容の熟知度（専門性） ・発話上の癖 ・出身地

図 4-4　4種類の非言語的コミュニケーション (NVC) とそこから読み取れる相手に関する情報

個人の外見、動作などからどのようなことを読み取れるかをまとめた。外見や動作などから読み取れる情報としては、相手の社会経済的地位、自分と相手との類似度、相手の自分に対する関心度、相手の情動状態や疲労度などがある。逆に、自分がこうした情報の発信者となる場合は、これらの情報を相手から読み取られる可能性があることを知っておく必要がある。このように改めて非言語的コミュニケーションに関わる事項をリストアップしてみると、その種類の多さに驚く。発話だけでなく、自分の外見、動作にも気を配る必要性がわかる。

中でも顔は、相手の印象を把握したり、情動状態を推測したりする際の大きな手がかりになる。ヴァーノンら（2014）は、われわれが他者の顔をどのように認識しているかに関するデータを取り、三つの側面で把握していることを明らかにしている。すなわち、親しみやすさ、若さ／魅力性、優勢（支配）性である。親しみやすさの特徴は、大きく開いた、笑い顔の口であり、その人に近寄っても大丈夫かどうかの判断に関わる側面である。次に、われわれは、相手の年齢や魅力に関わることを判断する。その特徴は、細く長い眉、細い鼻、大きい目などである。その次に、われわれは、相手の課題遂行に関わる側面に目を向け、その人の支配性、パワーの大きさに目を向ける。その判断に影響をもたらしているのは、大きい顎、色黒、濃い眉などである。初対面のときは、こうした三つの側面から相手の属性に関する情報を得、印象を形成する材料にしていることを知っておくべきであろう。

本書では、グループ/チームの違いを確認し、主にチームに目を向け、社会的アイデンティティ理論に基づいたチーム間関係、チームで重要なリーダーシップ、そして、チーム内で求められるコミュニケーション・スキルについて見てきた。グループ/チームのすべての側面を網羅したわけではないが、グループ/チームをどのように把握できるか、グループ/チームの活動プロセスにおいて重要なことは何か、グループ/チーム内でどのように行動することが効率的に目標を達成できるのかなどについて、主に社会心理学研究の結果に基づいて、その概要を紹介してきた。読者の方々のグループ/チーム活動の一助になれば、本書の目的は達成できたといえるだろう。

あとがき

　以上、個人から構成されるチームやグループについて見てきた。そこでは、人間同士の相互作用を前提にして述べてきた。しかしながら、「はじめに」で触れた一般化や再現性の問題がまだ解決されない中、最近は、少々、状況の変化が生じてきている。カーツワイル（2006/2012）の推測によれば、**シンギュラリティ**（ＡＩ（人工知能）が人間総体の知能を凌駕する分岐点）が二〇四五年頃に生じるということである。実際、二〇二二年一〇月、オープンＡＩ（Open AI）社が文章生成ＡＩであるチャットＧＰＴ（Chat GPT）を世に送り出し、その後、ビング（Bing）、バート（Bart）も現れてきた。いずれの場合もユーザーがプロンプト（命令）を入力すれば、それに応じた回答を即座に箇条書きにして返してくれる。文章生成だけではなく、ステーブル・ディフュージョン（Stable Diffusion）の場合は画像を生成してくれる。ＡＩは指数関数的にその能力を向上させると考えられ、カーツワイルの言っていたシンギュラリティが現実味を帯びてきた。

　ＡＩがロボットに搭載されると、一九六三年にアニメ放映された、手塚治虫《おさむ》の鉄腕アトムの世界と同じように、人間と**ＡＩ搭載のヒューマノイド・ロボット**との相互作用が待ち受けていることとになる。その際、人間はどのように行動することが最適なのであろうか。ロボットに搭載されているＡＩの能力にもよるが、多くの場合、自分の知識や判断能力を凌駕した存在である。どのように太刀打ちできるのであろうか。

これまで、社会心理学は、相互作用の対象が人間であることを前提にして、その個人間、グループ内、グループ間の認知や行動に目を向けてきた。今後は、人間とＡＩ搭載ロボットとの相互作用、チーム編成にも焦点を当てていく必要があるということである。チームの中に何体のロボットがいるかによって、人間の心理的状態は異なってこよう。ロボットが一目でロボットとわかる状況では、第二章の社会的アイデンティティが関連してくる。自チーム内に人間チームとロボット・チームのようにサブ・チームが認識されやすくなる。人間とロボットとの対照が認識されやすくなる。この状況は、人間対ロボットの軋轢《あつれき》を生みやすいであろう。

技術が発達して、人間とロボットの区別がしにくくなれば、そうしたサブ・チーム間の異質性も認識されにくくなる。おそらくその頃には、人間の方も高度にサイボーグ化され、ＡＩ搭載ロボットと**サイボーグ化人間**とが互いに近い存在になり、現在よりも高性能な存在同士の相互作用になりそうである。

そうした中で、例えば、共通の目標達成に向けて、相互依存的関係にある人間とロボットから構成されているチームは、両者が協働して事に当たるであろうと予測できる。本書で紹介した法則性の中には、異なる時代や状況を越えて成立する側面もあるであろう。本書では、なるべくそのような法則性、行動パターンを紹介してきたつもりであるが、その妥当性については、今後のデータ収集に基づいた検討を待つしかない。テクノロジーの発達による、終わりなき道のりである。

本書は、慶應義塾大学三田哲学会叢書の一冊として刊行される。本書を刊行する機会を与えてくださった、三田哲学会ならびに文学部人間科学専攻の教員スタッフに感謝する。また、本書の刊行まで、慶應義塾大学出版会の乗《よつのや》みどりさんには、貴重なご助言をいただきお世話になった。心より感謝申し上げる。

二〇二三（令和五）年一〇月

慶應義塾大学　三田の研究室にて

今井芳昭

引用文献

Adams, K. L. & Galanes, G. J. (2006). *Communicating in groups: Applications and skills*. (6th ed.) McGraw-Hill.

秋保亮太・縄田健悟・中里陽子・菊地梓・長池和代・山口裕幸 (2016). メンタルモデルを共有しているチームは対話せずとも成果を挙げる：共有メンタルモデルとチーム・ダイアログがチーム・パフォーマンスへ及ぼす効果. 実験社会心理学研究, 55 (2), 101-109.

Arnold, K. A. (2017). Transformational leadership and employee psychological well-being: A review and directions for future research. *Journal of Occupational Health Psychology, 22* (3), 381–393. https://doi.org/10.1037/ocp0000062.

Arrow, H., McGrath, J. E., & Berdahl, J. L. (2000). *Small groups as complex systems: Formation, coordination, development, and adaptation*. SAGE.

Asch, S. (1955). Opinions and social pressure. *Scientific American, 193* (5), 31-35.

Avolio, B. J., Bass, B. M., & Jung, D. I. (1999). Re-examining the components of transformational and transactional leadership using the Multifactor Leadership Questionnaire. *Journal of Occupational and Organizational Psychology, 72* (4), 441–462. https://doi.org/10.1348/096317999166789.

Bao, Y., Han, J., Hu, F. B., Giovannucci, E. L., Stampfer, M. J., Willett, W. C., & Fuchs, C. S. (2013). Association of nut consumption with total and cause-specific mortality. *The New England Journal of Medicine. 369* (21), 2001-2011. doi: 10.1056/NEJMoa1307352. PMID: 24256379; PMCID: PMC3931001.

Bass, B. M. (1985). *Leadership and performance beyond expectations*. Free Press.

Bass, B. M. (1990). *Bass and Stogdill's handbook of leadership*. (3rd ed.). Free Press.

Brehm, S. S. & Brehm, J. W. (1981). *Psychological reactance: A theory of freedom and control.* Academic Press.

Byrne, D., & Nelson, D. (1965). Attraction as a linear function of proportion of positive reinforcements. *Journal of Personality and Social Psychology, 1* (6), 659–663. https://doi.org/10.1037/h0022073.

Cannon-Bowers, J. A., & Salas, E. (2001). Reflections on shared cognition. *Journal of Organizational Behavior, 22*, 195-202.

Cartwright, D. and Zander, A. (1960). *Group dynamics: Research and theory.* (2nd ed.). Harper & Row.

Cialdini, R. B. (2009) *Influence: Science and practice*. (4th ed.) Allyn and Bacon.（社会行動研究会（訳）（2014）　影響力の武器――なぜ、人は動かされるのか　第三版　誠信書房）.

Conger, J. A., & Kanungo, R. N. (1987). Toward a behavioral theory of charismatic leadership in organizational settings. *The Academy of Management Review, 12* (4), 637–647. https://doi.org/10.2307/258069

Cragan, J. F., Kasch, C. R., & Wright, D. W. (2008). *Communication in small groups: Theory, process, skills.* (7th ed.). Wadsworth.

大坊郁夫（編）(2023). コミュニケーション・デザインのこころ戦略――対人コミュニケーションの最適化　ナカニシヤ出版.

Digman, J. M. (1990). Personality structure: Emergence of the Five-Factor Model. *Annual Review of Psychology, 41*, 417-440.

Edmondson, A. (1999). Psychological safety and learning behavior in work teams. *Administrative Science Quarterly, 44 (2)*, 350-383.

Edmondson, A. C., & Lei, Z. (2014). Psychological safety: The history, renaissance, and future of an interpersonal construct. *Annual Review of Organizational Psychology and Organizational Behavior, 1,* 23–43. https://doi.org/10.1146/annurev-orgpsych-031413-091305.

Erikson, E. H. (1968). *Identity: Youth and crisis*. Norton.（中島由恵（訳）

（2017）．アイデンティティ――青年と危機　新曜社）
Esser, J. K. (1998). Alive and well after 25 years: A review of groupthink research. *Organizational Behavior and Human Decision Processes, 73* (2-3), 116–141. https://doi.org/10.1006/obhd.1998.2758.
Eva, N., Robin, M., Sendjaya, S., van Dierendonck, D., & Liden, R. C. (2019). Servant leadership: A systematic review and call for future research. *The Leadership Quarterly, 30* (1), 111–132. https://doi.org/10.1016/j.leaqua.2018.07.004
Eys, M. A., Loughead, T. M., Bray, S. R., & Carron, A. V. (2009). Perceptions of cohesion by youth sport participants. *The Sport Psychologist, 23* (3), 330–345.
Forsyth, D. R. (2019). *Group dynamics*. (7th ed.). Cengage.
French, J. R. P., Jr., & Raven, B. (1959). The bases of social power. In D. Cartwright (Ed.), *Studies in Social Power* (pp. 150–167). University of Michigan.（水原泰介（訳）（1962）．社会的勢力の基盤　千輪浩（監訳）　社会的勢力　(pp. 193–217)．誠信書房）．
淵上克義（2000）．教師のパワー――児童・生徒理解の科学　ナカニシヤ出版.
淵上克義（2008）．影響戦術研究の動向　坂田桐子・淵上克義（編）社会心理学におけるリーダーシップ研究のパースペクティブⅠ（pp. 129-166）．ナカニシヤ出版.
淵上克義・迫田裕子（2008）．社会構成主義的アプローチに関する研究――カリスマ的リーダーシップ研究を中心に　坂田桐子・淵上克義（編）　社会心理学におけるリーダーシップ研究のパースペクティブⅠ　(pp. 79-101)．ナカニシヤ出版.
深田博己（編著）（2002）　説得心理学ハンドブック　北大路書房.
古畑和孝（1980）　協同と競争　古畑和孝（編）　人間関係の社会心理学　(pp. 187-207)．サイエンス社.
福島治・大渕憲一（1997）　紛争解決の方略　（大渕憲一（編著）紛争解決の社会心理学　(pp. 32-58)．ナカニシヤ出版）.

Gordon, T. (1970). *Parent effectiveness training: The 'no-lose' program for raising responsible children*. Peter H. Wyden.（近藤千恵（訳）(1998) 親業——子どもの考える力をのばす親子関係の作り方　大和書房）.

Gordon, T. (1974). *Teacher effectiveness training*. Peter H. Wyden.（奥沢良雄・市川千秋・近藤千恵（訳）(1985)　教師学——効果的な教師＝生徒関係の確立　小学館）.

Gordon, T. (1980). *Leader effectiveness training*. Bantam Doubleday Dell.（近藤隆雄（訳）(1985)　リーダー訓練法　サイマル出版会）.

後藤倬男・田中平八（編）(2005). 錯視の科学ハンドブック　東京大学出版会.

Greenleaf, R. K. (1977). *Servant leadership: A journey into the nature of legitimate power and greatness*. Paulist Press.（金井壽宏（監訳）(2008) サーバントリーダーシップ　英治出版）.

Gray A. W., Parkinson, B., Dunbar, R. I. (2015). Laughter's influence on the intimacy of self-disclosure. *Human Nature*, 26 (1), 28-43. doi: 10.1007/s12110-015-9225-8. PMID: 25762120.

蜂屋良彦（1999）　集団の賢さと愚かさ——小集団リーダーシップ研究　ミネルヴァ書房.

Hersey, P., & Blanchard, K. (1982). *Management and organizational behavior: Utilizing human resources* (4th ed.). Prentice-Hall.

Hogg, M. A. (1992). *The social psychology of group cohesiveness: From attraction to social identity*. Harvester.

Hogg, M. A., & Abrams, D. (1988). *Social identifications: A social psychology of intergroup relations and group processes*. Taylor & Frances/Routledge.

House, R. J. (1977). A 1976 theory of charismatic leadership. In J. G. Hunt & L. L. Larson (Eds.), *Leadership: The cutting edge* (pp. 189–207). Southern Illinois University Press.

池田　浩（2017）. サーバント・リーダーシップ　坂田桐子（編著） 社会心理学におけるリーダーシップ研究のパースペクティブⅡ

（pp. 109-124）．ナカニシヤ出版.
池田功毅・平石界（2016）．心理学における再現可能性危機——問題の構造と解決策　心理学評論，59, 3-14.
今井芳昭（1989）．集団　詫摩武俊（編）基礎心理学講座 5 基礎社会心理学（pp. 65-82）．八千代出版.
今井芳昭（1992-1993）．小集団とわれわれの生活——小集団の社会心理学，介護福祉，No.6-9，（財）社会福祉振興・試験センター.
今井芳昭（2006）．依頼と説得の心理学——人は他者にどう影響を与えるか　サイエンス社.
今井芳昭（2010）．影響力——その効果と威力　光文社新書.
今井芳昭（2018a）．説得力——社会心理学からのアプローチ　新世社.
今井芳昭（2018b）．社会的影響力と対人関係　李光鎬・杉浦淳吉（編著）　新・社会心理学　（pp. 98-117）．慶應義塾大学出版会.
今井芳昭（2020）．影響力の解剖——パワーの心理学　福村出版.
今井芳昭（2023）．影響を与える（第 2 章 -2）岡本真一郎（編）コミュニケーションの社会心理学　（pp. 83-104）．ナカニシヤ出版.
Ingham, A., Levinger, G., Graves, J., & Peckham, V. (1974). The Ringelmann effect: Studies of group size and group performance. *Journal of Experimental Social Psychology*, 10, 371-384.
Janis, I. L. (1972). *Victims of groupthink*.: Houghton-Mifflin.
Janis, I. L. (1982). *Groupthink: Psychological studies of policy decisions and fiascos*. (2nd ed.). Houghton Mifflin.
鎌田雅史（2014）．学校組織における社会的勢力構造に関する理論的研究　就実教育実践研究，7, 19-29.
Kameda, T., & Sugimori, S. (1993). Psychological entrapment in group decision making: An assigned decision rule and a groupthink phenomenon. *Journal of Personality and Social Psychology, 65*, 282–292.
Karau, S. J., & Williams, K. D. (1997). The effects of group cohesiveness on social loafing and social compensation. *Group Dynamics: Theory,*

Research, and Practice, 1 (2), 156–168. https://doi.org/10.1037/1089-2699.1.2.156

Knapp, M .L., Hall, J. A., & Horgan, T. G. (2021). *Nonverbal communication in human interaction.* (9th ed.). Kendall/Hunt.

Koh, D., Lee, K., & Joshi, K. (2019). Transformational leadership and creativity: A meta-analytic review and identification of an integrated model. *Journal of Organizational Behavior, 40* (6), 625-650. https://doi.org/10.1002/job.2355.

Kurzweil, R. (2006). *The singularity is near: When humans transcend biology.* Penguin Books.（井上健（監訳）（2012）　シンギュラリティは近い――人類が生命を超越するとき　電子書籍版　NHK出版）.

柏端達也（2016）　コミュニケーションの哲学入門　三田哲学会叢書.

Lee, K. & Ashton, M. C. (2012). *The H Factor of personality: Why some people are manipulative, self-entitled, materialistic, and exploitive—And why it matters for everyone.* Wilfrid Laurier University Press.

Levi, D. & Askay, D. A. (2020). *Group dynamics for teams.* (6th ed.). SAGE.

Lott, A. J., & Lott, B. E. (1961). Group cohesiveness, communication level, and conformity. *The Journal of Abnormal and Social Psychology, 62* (2), 408–412. https://doi.org/10.1037/h0041109.

Mabry, E. A. & Barnes, R. E. (1980) *The dynamics of small group communication.* Prentice-Hall.

Marks, M. A., & Panzer, F. J. (2004). The influence of team monitoring on team processes and performance. *Human Performance, 17 (1)*, 25-41.

Marks, M. A., Mathieu, J. E., & Zaccaro, S. J. (2001). A conceptual framework and taxonomy of team processes. *Academy of Management Review, 26*, 356-376.

Marks, M. A., DeChurch, L. A., Mathieu, J. E., Panzer, F. J., & Alonso, A. (2005). Teamwork in multiteam systems. *Journal of Applied Psychology. 90 (5)*, 964-71. doi: 10.1037/0021-9010.90.5.964. PMID: 16162068.

Martin, S., & Marks, J. (2019). *Messengers: Who we listen to, who we don't, and why*. Random House.（安藤清志（監訳）（2022） 情報発信者（メッセンジャー）の武器――なぜ、人は引き寄せられるのか 誠信書房）.

Marques, J. M., Yzerbyt, V. Y., & Leyens, J.-P. (1988). The "Black Sheep Effect": Extremity of judgments towards ingroup members as a function of group identification. *European Journal of Social Psychology, 18* (1), 1–16. https://doi.org/10.1002/ejsp.2420180102.

Mayer, J. D., Salovey, P., Caruso, D., & Sitarenios, G. (2003). Measuring emotional intelligence with the MSCEIT V2.0. *Emotion, 3*, 97– 105. https://doi.org/10.1037/1528-3542.3.1.97.

Mazur, L. E. (2006). *Learning and behavior*. (6th ed.). Pearson.（磯博行・坂上貴之・川合伸幸（訳）（2008） メイザーの学習と行動 第3版 二瓶社）.

McCrae, R. R., & John, O. P. (1992). An introduction to the Five-Factor Model and its applications. *Journal of Personality, 60* (2), 175-215. doi: 10.1111/j.1467-6494.1992.tb00970.x.

Miao, C., Humphrey, R. H., & Qian, S. (2021). Emotional intelligence and servant leadership: A meta-analytic review. *Business Ethics, the Environment & Responsibility*, *30* (2), 231-243. https://doi.org/10.1111/beer.12332

三隅二不二（1984）. リーダーシップ行動の科学 改訂版 有斐閣.

三隅二不二（1986）. リーダーシップの科学――指導力の科学的診断法 講談社ブルーバックス.

宮野公樹（2009）. 学生・研究者のための 使える！ PowerPoint スライドデザイン――伝わるプレゼン 1 つの原理と 3 つの技術 化学同人.

Moscovici, S. (1980). Toward a theory of conversion behavior. In L. Berkowitz (Ed.), *Advances in Experimental Social Psychology*. Vol. 13, (pp. 209–239). Academic Press.

Mullen, B., & Copper, C. (1994). The relation between group cohesiveness and performance: An integration. *Psychological Bulletin, 115* (2), 210–227. https://doi.org/10.1037/0033-2909.115.2.210.

永田良昭（1965a）．集団の体制化に及ぼす課題の困難度の効果Ⅰ．心理学研究，36 (4), 197-201.

永田良昭（1965b）．集団の体制化に及ぼす課題の困難度の効果Ⅱ．心理学研究，36 (6), 321-325.

永田良昭（1987）　集団と個人　佐々木薫・永田良昭（編）集団行動の心理学（pp. 138-168）．有斐閣.

永田良昭（2003）．人の社会性とは何か――社会心理学からの接近　ミネルヴァ書房.

Nahai, N. (2017). *Webs of influence: The psychology of online persuasion*. (2nd ed.). Pearson.

大久保街亜（2016）．帰無仮説検定と再現可能性　心理学評論，59 (1), 57–67.

Open Science Collaboration (2015). Estimating the reproducibility of psychological science. *Science*. https://doi.org/10.1126/science.aac4716.

Park, W. W. (1990). A review of research on groupthink. *Journal of Behavioral Decision Making*, 3, 229-245.

Perry, G. (2018). *The lost boys: Inside Muzafer Sherif's robbers cave experiment*. Scribe.

Pinto, I. R., Marques, J. M., Levine, J. M., & Abrams, D. (2010). Membership status and subjective group dynamics: Who triggers the black sheep effect? *Journal of Personality and Social Psychology, 99 (1)*, 107–119. DOI: 10.1037/a0018187.

Raven, B. H. (1965). Social influence and power. In I. D. Steiner & M. Fishbein (Eds.) *Current studies in social psychology*. Holt, Rinehart, Winston.

Reid, M. & Hammersley, R. (2000). *Communicating successfully in groups: A practical guide for the workplace*. Routledge.

Rogers, C. R. (1951) *Client-centered therapy: Its current practice, implications, and theory*. Houghton Mifflin.（保坂亨（訳）(2005)　クライエント中心療法　岩崎学術出版社）.

Salas, E., Rozell, D., Mullen, B., & Driskell, J. E. (1999). The effect of team building on performance: An integration. *Small Group Research, 30* (3), 309–329. https://doi.org/10.1177/104649649903000303.

佐々木薫・永田良昭（編）（1987）．集団行動の心理学　有斐閣．

Schein, E. H. (1993). How can organizations learn faster?: The challenge of entering the green room. *MIT Sloan Management Review. 34*, 85–92.

Sherif, M. (1958). Superordinate goals in the reduction of intergroup conflict. *American Journal of Sociology, 63,* 349–356. https://doi.org/10.1086/222258

Sherif, M., Harvey, O. J., White, B. J., Hood, W. R., & Sherif, C. W. (1961/1988). *The robbers cave experiment: Intergroup conflict and cooperation*. Wesleyan University Press.

Skinner, B. F. (1938). *The behavior of organisms: An experimental analysis*. Prentice Hall.

杉浦淳吉（2003）．環境配慮の社会心理学　ナカニシヤ出版．

Tajfel, H., Billig, M. G., Bundy, R. P., & Flament, C. (1971). Social categorization and intergroup behavior. *European Journal of Social Psychology, 1*, 149-178.

Tajfel, H., & Turner, J. C. (1986). The social identity theory of intergroup behaviour. In S. Worchel & W. G. Austin (Eds.). *Psychology of Intergroup Relations*. (pp. 7-24). Nelson-Hall.

田﨑敏昭（1979）．児童・生徒による教師の勢力源泉の認知　実験社会心理学研究，18 (2), 129-138.

田﨑敏昭（1981）．教師のリーダーシップ行動類型と勢力の源泉　実験社会心理学研究，20 (2), 137-145.

田﨑敏昭（1982）．学級集団における勢力地位と勢力資源　心理学研究，53 (3), 165-168.

Uhl-Bien, M., Riggio, R. E., Lowe, K. B., Carsten, M. K., (2014) Followership theory: A review and research agenda. *The Leadership Quarterly, 25*, 83-104.
梅田聡・板倉昭二・平田聡・遠藤由美・千住淳・加藤元一郎・中村真 (2014). 共感 岩波書店.
Verderber, R. F. & Verderber, K. S. (1992). *Inter-act: using interpersonal communication skills*. Wadsworth.
Vernon, R. J. W., Sutherland, C. A. M., Young, A. W., and Hartley, T. (2014). Modeling first impressions from highly variable facial images. *PNAS*, 111 (32), E3353-E3361.
Wang, G., Oh, I.-S., Courtright, S. H., & Colbert, A. E. (2011). Transformational leadership and performance across criteria and levels: A meta-analytic review of 25 years of research. *Group & Organization Management, 36* (2), 223–270. https://doi.org/10.1177/1059601111401017
Weber, M. (1947). *Typen der Herrschaft*. Reclam. (濱島朗 (訳) (1967). 権力と支配——政治社会学入門 有斐閣).
Williams, S. D., Graham, T. S., & Baker, B. (2003). Evaluating outdoor experiential training for leadership and team building. *Journal of Management Development, 22*, 45-59.
山口裕幸 (2008). チームワークの心理学——よりよい集団づくりをめざして サイエンス社.
Yarkoni, T. (2022). The generalizability crisis. *Behavioral and Brain Sciences, 45*, E1. doi:10.1017/S0140525X20001685.
Yukl, G. (2012). Effective leadership behavior: What we know and what questions need more attention. *The Academy of Management Perspectives, 26* (4), 66–85. https://doi.org/10.5465/amp.2012.0088.
Zander, A. (1994). *Making groups effective*. Jossey-Bass. (黒川正流・金川智恵・坂田桐子 (訳) (1996) 集団を生かす——グループ・ダイナミックスの実践 北大路書房)

Zhang, D., Dai, C., Zhou, L., Li, Y., Liu, K., Deng, Y.-J., Li, N., Zheng, Y., Hao, Q., Yang, S., Song, D., Wu, Y., Zhai, Z., Cao, S., Dai, Z.. (2020). Meta-analysis of the association between nut consumption and the risks of cancer incidence and cancer-specific mortality. *Aging. 12* (11), 10772-10794. doi: 10.18632/aging.103292. Epub 2020 Jun 2. PMID: 32487780; PMCID: PMC7346045.

今井　芳昭（いまい・よしあき）
慶應義塾大学文学部教授。東京大学大学院社会学研究科博士課程単位取得退学。博士（社会学）。専門は社会心理学。著書に『影響力――その効果と威力』（光文社新書，2010年）、『説得力――社会心理学からのアプローチ』（新世社、2018年）、『影響力の解剖――パワーの心理学』（福村出版、2020年）など。

慶應義塾大学三田哲学会叢書
チームとリーダーシップの心理学

2023年11月20日　　初版第1刷発行

著者――――――今井芳昭
発行――――――慶應義塾大学三田哲学会
〒108-8345　東京都港区三田2-15-45
http://mitatetsu.keio.ac.jp/
制作・発売所――慶應義塾大学出版会株式会社
〒108-8346　東京都港区三田2-19-30
TEL〔編集部〕03-3451-0931
〔営業部〕03-3451-3584〈ご注文〉
〃　03-3451-6926
FAX〔営業部〕03-3451-3122
振替　00190-8-155497
https://www.keio-up.co.jp/
装丁――――――大倉真一郎
組版――――――株式会社キャップス
印刷・製本―――中央精版印刷株式会社
カバー印刷―――株式会社太平印刷社

Printed in Japan　ISBN978-4-7664-2932-9

「慶應義塾大学三田哲学会叢書」の刊行にあたって

このたび三田哲学会では叢書の刊行を行います。本学会は、1910年、文学科主任川合貞一が中心となり哲学専攻において三田哲学会として発足しました。1858年に蘭学塾として開かれ、1868年に慶應義塾と命名された義塾は、1890年に大学部を設置し、文学、理財、法律の3科が生まれました。文学科には哲学専攻、史学専攻、文学専攻の3専攻がありました。三田哲学会はこの哲学専攻を中心にその関連諸科学の研究普及および相互理解をはかることを目的にしています。

その後、1925年、三田出身の哲学、倫理学、社会学、心理学、教育学などの広い意味での哲学思想に関心をもつ百数十名の教員・研究者が集まり、相互の学問の交流を通して三田における広義の哲学を一層発展させようと意図して現在の形の三田哲学会が結成されます。現在会員は慶應義塾大学文学部の7専攻（哲学、倫理学、美学美術史学、社会学、心理学、教育学、人間科学）の専任教員と学部学生、同大学院文学研究科の2専攻（哲学・倫理学、美学美術史学）の専任教員と大学院生、および本会の趣旨に賛同する者によって構成されています。

1926年に学会誌『哲学』を創刊し、以降『哲学』の刊行を軸とする学会活動を続けてきました。『哲学』は主に専門論文が掲載される場で、研究の深化や研究者間の相互理解には資するものです。しかし、三田哲学会創立100周年にあたり、会員の研究成果がより広範な社会に向けて平易な文章で発信される必要性が認められ、その目的にかなう媒体が求められることになります。そこで学会ホームページの充実とならんで、この叢書の発刊が企図されました。

多分野にわたる研究者を抱える三田哲学会は、その分、多方面に関心を広げる学生や一般読者に向けて、専門的な研究成果を生きられる知として伝えていかなければならないでしょう。私物化せず、死物化もせずに、知を公共の中に行き渡らせる媒体となることが、本叢書の目的です。

ars incognita　アルス　インコグニタは、ラテン語ですが、「未知の技法」という意味です。慶應義塾の精神のひとつに「自我作古（我より古を作す）」、つまり、前人未踏の新しい分野に挑戦し、たとえ困難や試練が待ち受けていても、それに耐えて開拓に当たるという、勇気と使命感を表した言葉があります。未だ知られることのない知の用法、単なる知識の獲得ではなく、新たな生の技法（ars vivendi）としての知を作り出すという本叢書の精神が、慶應義塾の精神と相まって、表現されていると考えていただければ幸いです。

慶應義塾大学三田哲学会